U0937305

中华传统建筑装饰

张毅培　史景怡　著

图书在版编目（CIP）数据

影壁之美 / 张毅培，史景怡著. -- 南京 ：江苏凤凰文艺出版社，2018.6
ISBN 978-7-5594-2042-8

Ⅰ. ①影… Ⅱ. ①张… ②史… Ⅲ. ①民居－墙－建筑艺术－中国 Ⅳ. ①K928.79②TU227

中国版本图书馆CIP数据核字(2018)第095211号

书　　名	影壁之美
著　　者	张毅培　史景怡
责任编辑	孙金荣
特约编辑	周明艳
项目策划	凤凰空间/周明艳
封面设计	刘俊玲
内文设计	张毅培　张僅宜
出版发行	江苏凤凰文艺出版社
出版社地址	南京市中央路165号，邮编：210009
出版社网址	http://www.jswenyi.com
印　　刷	广州市番禺艺彩印刷联合有限公司
开　　本	889毫米×1194毫米　1/16
印　　张	18.75
字　　数	300千字
版　　次	2018年6月第1版　2018年6月第1次印刷
标准书号	ISBN 978-7-5594-2042-8
定　　价	298.00元（精）

（江苏凤凰文艺版图书凡印刷、装订错误可随时向承印厂调换）

在我们居住的这片古老土地上

有着先人留下的无数珍贵遗产

其中的一些精华

凝聚着人们高超的技艺和伟大的智慧

无论是在皇家的宫殿高墙之内、官宦富贾的宅邸

还是在偏僻的农村院落

或是山间的庙宇、城中的衙署前

我们都不难发现这样一处景观

就是传统建筑群中的一座艺术瑰宝 —— 影壁

它们或质朴厚重，或挺拔秀美

端庄地矗立在门庭的显要之处

还有那些洋溢着乐观祥和气息的精美装饰

借助生动而丰富的形式

表达出各种美好的吉祥寓意

它们体现了人们的价值追求，承载了人们的美好梦想

让我们跟随着本书中的图文

一同观赏和发现

影壁本身所包含的种种含义

以及那些美不胜收、独具匠心的砖石雕刻

并以中国人特有的温和感性

去抚摸和体悟

这些历史遗迹中的神奇魅力

中国建筑既是延续了两千余年的一种工程技术，本身已造成一个艺术系统，许多建筑物便是我们文化的表现、艺术的大宗遗产。

——梁思成

中华影壁赋

古曰萧墙，今称影壁。龙族文化仙葩，华夏瑰宝奇艺。春秋以肇，凝乎仁义于精雕；韶韵而彰，烁其堂轩之盛丽。至美之筑，杲杲胜形；祯瑞之图，氤氲紫气。故尔庥乎雅庭，壮其华第。而展彼万代猷宏，纳其四序福禧。炜炜焉皇皇，雍雍兮屹屹。遂曰斯物者，洵乃宝域威仪之恢恢大观也。

溯其滥觞，欲收西周古瓦之影，而踏长安残基之踪。尔其大同一墙，誉飞四海；琉璃三壁，声布千城。壁画传神，绎其皇宫盛象；蟠龙奋舞，昭乎夏域图腾。观夫京西宝刹之坛，北院南景；品尔亲王高墙之训，古巷今名。尝闻襄阳一屏，华夏绿石孤品；影壁三绝，禹疆傲世九龙。若夫晋商勃而祖庭耀，昆阆阔则玉阙宏。于是乔家百寿靓图，集乎四渎大成之妙；左氏五两浓墨，挥彼千年大道之弘。鲤跃龙门，长吐王户云蒸之气；麟飞玉堂，不逊上苍神琢之工。复又渠墙隐庭，当怡五穿之静；常壁炫宇，而引两街之隆。更则“日升昌”卓卓，汇通九野；“三多堂”蔚蔚，富甲晋中。若夫柴门壁筑，则亦辉其杲杲，矗其峥峥，洵乃蒸黎懿美之承载者耳。

尔其世纪新而禹图壮，韶光美则华壁兴。昔乃豪门显耀之贵，今则庶黎兴旺之容。萧墙无言，裕康之愿寄于壁画；砖雕有字，仁爱之章化以勒铭。居室而迁，壁下恭于倾觞之叩；时节以祭，堂中祷其祝福之声。噫嘻！古建旨邃，壁图蕴丰。云卷携乎浪飞意远，藤缠标其花绽情浓。天高地厚，雨润云腾。鹊咏梅艳，松挺鹤鸣。其寿绵绵兮，其禄盈盈。其业蒸蒸兮，其乐融融。

是谓赏花可染春秋之色，观壁犹窥兴废之窗。而龙乡独具一景，国粹大书万行。虽为砖石之垒，亦若汗青之章。遂尔文化传承，乃知萧墙默化之懿；文明光大，而赖吾侪赤心之襄。故夫趋吉避舛，聚瑞凝祥。道纯德厚，天久地长。

崔书林

自 序

本书是一本专门介绍中国传统影壁文化的书籍，也是一个丰富的影壁资料库，内容以中国的民居影壁为主，同时也有不少皇家影壁和寺庙影壁。

本书图片是笔者十几年来深入各地拍摄积累的成果，仅在山西我和史老师就跑了数百个县乡、近千座村庄，加上其他各省的采集，总共拍摄了近万张影壁图片，并从中挑选了近千张具有代表性的精品图片，编成此书，供读者赏析研究。

本书中的影壁图片，大部分采用正视角度，甚至对个别精致的砖雕特地做了局部放大，一方面是为了使读者能够清晰细致地欣赏雕刻的细节，另一方面为了方便专业设计师、古建从业人员、传统文化爱好者和艺术院校的师生参详描绘或便捷地使用其中的图案截图，不用更多地加以调整修饰，可直接扫描用于各种设计工程的方案中（涉及商业出版发行的图文使用，请与作者联系版权事宜）。对于拥有宅院的人来说，本书也是一本可以作为实物仿制的参考书籍。毕竟长久以来，精美的砖雕影壁都是宅院主人品位和身份的象征。

本书力求从影壁的文化渊源、历史发展、宗教信仰、结构形式和吉祥寓意等多个角度予以介绍，希望在带给读者艺术欣赏的同时，又能分享一些我们关于影壁各个文化角度的基本认知。

本书也有一小部分关于其他砖雕装饰的内容，严格意义上它们不属于影壁的范畴，比如廊心墙雕饰、墙面雕饰、独特的门头雕饰等，但它们的形式和特点都是影壁文化的延伸，它们同样精彩、令人难以割舍，因此对其进行了小篇幅的图文介绍。

由于条件的局限和近水楼台之便，本书拍摄的重点偏于山西及周边一带，其他大部分省份和地区我们没有做深入考察，这也是本书的缺憾。但我们仍对于有幸拍摄到如此众多的精彩影壁感到欣慰和满足，相信读者在欣赏它们时也一定会感同身受。

本书有相当数量的民间影壁从未在其他出版物中出现过，或许可以认为它们是笔者首次发现并介绍给读者的，这是本书的价值所在，也是笔者倍感荣耀的成就，相信它们能带给读者从未有过的体验。

谨以此书，献给所有热爱中国传统文化的人们，并希望传统影壁的外观形式和精神内涵能传承下去，为我们的生活带来美好和吉祥。

张毅培

拍摄影壁的足迹

注：图中红点代表笔者曾经到达和拍摄过影壁的大概地理位置，不难看出，山西及周边地区是重点区域。

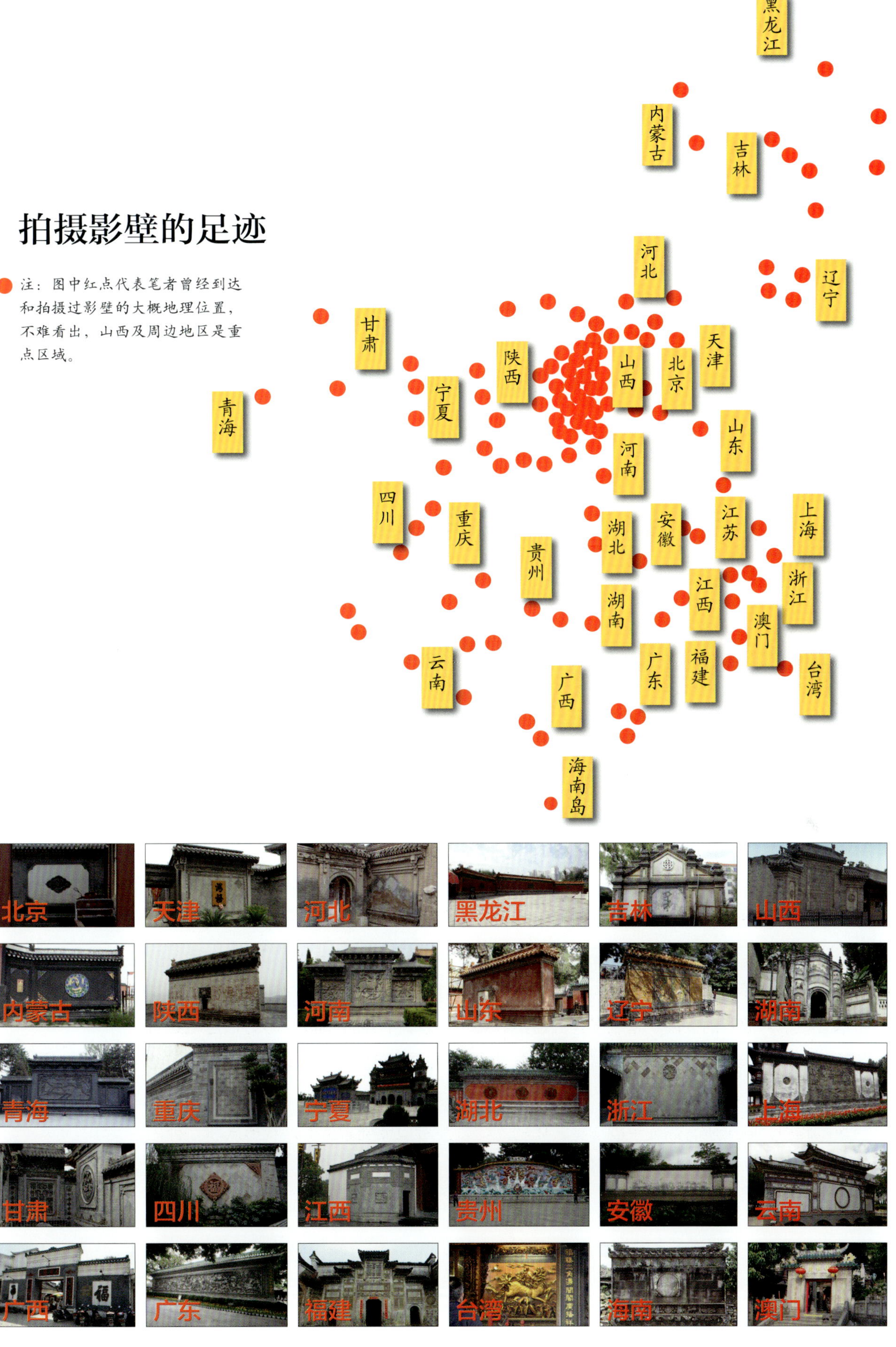

目录

第一章 影壁概述 011

第一节 影壁发展 012

第二节 影壁的外观形式 014

第三节 影壁的表面材质 016

第四节 中国建筑和影壁的自然格局 018

第五节 影壁的作用 020

第六节 影壁的结构 028

第二章 中华影壁精粹 041

第一节 民居影壁 042

第二节 民间文字影壁 150

第三节 庙宇影壁 178

第四节 皇家影壁 254

第三章 中华传统吉祥图案 269

第一节 中国传统吉祥图案的历史发展 270

第二节 中国传统吉祥图案的寓意 273

第三节 影壁与中国传统文化 290

后 记 298

第一章　影壁概述

第一节　影壁发展

影壁，是中国传统建筑群中的一种装饰墙体，其主要位置在大门的正对面（分院内和院外两种），以及大门外的两侧。在不同地域，也有其他的位置设置。

影壁，又称照壁、照墙，在不同的历史阶段，还有过"树""屏""塞门""罘罳"等名称，随着历史的演变和发展，只有"影壁"和"照壁"这两个名称保留了下来，成为人们通俗的叫法。为了便于叙述，本书一律使用"影壁"这一称谓。

影壁产生的年代，史学界公认至少是在西周中期或晚期，有实物证明西周时期就有了自成院落的建筑群。1976年在陕西岐山县发现的一组大型西周建筑遗址中，挖掘出东西对称的封闭型院落，门道在南面正中，正对门道就有影壁的残迹，影壁壁身以夯土筑成，其四角可能有四根立柱，上部为木或草质的两坡顶。根据发掘的实物，可以这样推测，人类的早期，即还在穴居于山洞的时代，出于防止野兽入侵的需要，在洞口前或洞口内堆砌石块矮墙，或许就是影壁最早的雏形。"屏""塞门""罘罳"这样的名称，从字面上分析也可看出影壁的产生与其军事性、实用性有关。

影壁最初被称为"树"，指的就是设在门道起屏障作用的影壁。早期的影壁设立有着严格的规制，除宫殿、王府、寺庙建筑外，其他建筑不得设立，这说明影壁是一种身份和地位的象征。《礼记·杂记》中解释："树，屏也，立屏当所行之路，以蔽内外也。""天子外屏，诸侯内屏。"可见当时是在门内还是在门外设影壁是天子和诸侯的区别。内屏又被称为"萧墙"，《释名·释宫室》中解释："萧墙在门内。萧，肃也，臣将入于此，自肃敬之处也。"萧墙之内即影壁之内，也称大内，后引申泛指内部。汉晋之始，影壁的使用范围趋于广泛，它脱开了等级规制的束缚，更多地出现在不同种类的建筑群中，尤其是寻常百姓的宅院。

唐代，有的壁体上出现了人物、动物、花卉、山水、文字等内容的浮雕，这种美化作用，赋予其更加丰富的视觉感和精神价值，使这堵短墙得以从艺术上获得提升。"影壁"一词也在更广的区域内取代原来的多种称谓，而成为通俗易记的一个名称。影壁作为一种建筑形式也在更多层面的建筑群中使用，并得到进一步的发展。

在宋代《营造法式》中有殿阁照壁版及廊屋照壁版法式，也说明了影壁作为建筑的一部分已经在技术上比较成熟和规范。现存的宋画《文姬归汉图》中表现的是汉代的内容，但画中的建筑是宋代的形式，其中大门内设有一木制大影壁，高与门檐齐、宽和三开间的大门约同。当时的影壁作为整个建筑的门面，以华丽精美和宏大厚重来展示主人的经济地位和社会地位。

元代因历史较短，影壁资料极少，比较有代表性的是现坐落在北京北海公园内的石质影壁，俗称"铁影壁"。

明清时代是影壁的巅峰时期，随着资本主义萌芽的产生，商业的发展带动了城乡建设，从事手工业的工匠也逐渐增多，客观上繁荣了建筑行业。明代以北京紫禁城的建设为开端，使整个国家呈现出繁荣的建设热潮，以山西晋商和安徽徽商为代表的商业力量，将积累的财富大量投入精雕细刻的居宅建筑中，从而创造了许多具有代表性的民居经典建筑群，各种装饰雕刻成了这些建筑不可或缺的灵魂。现存于世的大量民居建筑和影壁都是这一时期留下来的。山西的乔家大院、王家大院等是北方地区民居建筑的典范，也是砖石木雕刻尤其是影壁文化的"博物馆"。

民间影壁的主要材质为青砖，《营造法式》中称砖雕工艺为“斫事”，并称砖雕为“事在剜凿”，意指砖雕是一种砍削凿刻的工艺。

青砖的烧造和使用在中国至少有三千多年的历史，陕西、洛阳等地的西周遗址中，就有素面筒瓦建筑构件。到了战国时期，青砖的表面也有了压印的鸟兽、花树和几何纹装饰。秦至西汉初期，模印花砖越来越多地用于建筑， 出现了包括龙凤纹、几何纹、方格纹等的“花纹空心砖”。秦后期，圹砖上出现了游猎、宴会等叙事画面。再到汉代，瓦当艺术成就更加突出，出现了著名的“青龙、白虎、朱雀、玄武”四神瓦当和其他各种动物、植物、文字装饰的瓦当。这也是中国文化中具有代表性的时代符号。

画像砖是这一时期的另一个艺术成就。当时的技术已发展到相当成熟的地步，图案模印清晰生动，造型技法熟练。佛教的传入，也为中国带来了新的题材形式，这一时期的墓葬砖雕，增加了佛像、僧人、飞天等形象。到了唐代，砖雕艺术较之前更加繁荣，其标志之一就是砖雕的使用从地下的墓室移到了地上，并更多地出现在各种建筑上。宋金时期，沿袭了唐朝的发展趋势，建造了很多规模较大的砖塔等建筑。砖雕装饰工艺，很快发展成一种独特的艺术形式。但盛极之后，至元代逐渐衰微，直至明清，砖雕技艺和艺术表现形式发展到鼎盛。

明清两代，民间经济发展的环境更加宽松，建筑艺术和砖雕艺术的发展随之愈加繁荣。各种宫殿、寺庙、园林、民宅都有精美的砖雕作品传世。不仅富豪之家热衷砖雕装饰，就连稍有条件的普通人家也争相效仿。这一时期的雕刻技法更富创造性，线刻、浅浮雕、高浮雕、圆雕、透雕，以及多层浮雕、堆砖等表现手法被大量应用在影壁、大门、栏杆、看墙等处，使砖雕在不同的建筑部位都得到充分的运用，每种手法都能准确表达图案内容的生动寓意，这标志着砖雕艺术已经从建筑物的附属装饰手法，发展为一项独立的造型艺术，并成为中国古建装饰的重要手段之一。

民间影壁主要使用青砖材质，而皇家和寺庙建筑则大量使用琉璃材质。

琉璃产生于西周，发展于汉唐，辉煌于明清。目前所见的最早的建筑琉璃实物烧造于北齐时期，距今已有近 1500 年的历史。隋唐时期琉璃实物相对较少。到宋元时期，建筑琉璃不仅发现于出土文物，建筑上也有遗存。始建于北宋的河南开封“铁塔”是现存最早的琉璃建筑。明清以来，建筑琉璃的使用进入蓬勃发展时期，宫殿、园林、坛庙、陵寝已经普遍使用琉璃。这一时期留存下的琉璃建筑数量大，制作技艺高超，造型丰富。世界最大的宫殿建筑群——紫禁城，是该时期琉璃建筑中的经典之作。

山西的琉璃业享有盛名。早在元代，山西以瓷土为胎烧造出的琉璃就比宋金时期的更加潇洒自如、不拘一格。在琉璃基础上发展起来的低温彩釉陶瓷器，也称“珐华器”，是山西工匠的发明。山西介休的后土庙建筑群，始建于明洪武年间，是琉璃烧制和雕塑的最高水准，被称为琉璃艺术的博物馆。元大都时期烧造琉璃的官窑和西窑、元明清三代皇宫和陵庙的建筑琉璃，皆有山西工匠的贡献。

青砖和琉璃，是影壁的两大主要材质。青砖朴素淡雅，琉璃高贵华丽，它们塑造的影壁，在各自的建筑群中起着相应的重要作用。

第二节　影壁的外观形式

影壁的外观形式，指的是影壁总体的结构样式。从俯视角度看，主要分为以下四种常规样式：

（1）一字影壁：壁体平直，俯瞰形似“一”字，这是宅院内影壁和外影壁的主要样式。

（2）八字影壁：对称连接大门或建筑两侧，山面撇出，俯瞰形似“八”字，故称八字影壁或撇山影壁。

（3）雁翅影壁：在一字影壁的两端各连接一面山面撇出的壁体，俯瞰形似雁翅。

（4）一封书撇山影壁：大门或建筑两侧连接一组一字影壁与八字影壁的组合形式。

从正视角度看，影壁类型可分为以下三种：

（1）看面墙（影壁）：位于大门两侧的平直装饰围墙。

（2）三段式影壁：由三间一字影壁连接而成，两次间低于中心间，也称“三滴水”式影壁。

（3）五段式影壁：由五间一字影壁连接而成，两次间低于中心间，梢间低于次间。

一字影壁

八字影壁

雁翅影壁

一封书撇山影壁

看面墙（影壁）

三段式影壁

五段式影壁

其他类型的影壁样式如下：

（1）插屏式影壁 ：模仿木制插屏造型的影壁样式。

（2）圆插屏式影壁：模仿圆形木制插屏造型的影壁样式。

（3）屏门式（影壁）：设于门内檐柱之间的四扇或两扇木制屏门，具有与影壁相似的部分功能。

（4）屏风式影壁：模仿木制屏风造型的影壁样式。

（5）条屏式影壁：模仿画轴造型的影壁样式。

（6）圆镜式影壁：模仿圆镜造型的影壁样式。

插屏式影壁

圆插屏式影壁

屏风式影壁

屏门式（影壁）

条屏式影壁

圆镜式影壁

第三节　影壁的表面材质

琉璃影壁

石质影壁

青砖影壁

木质影壁

抹灰影壁

中国传统影壁的表面有着多种不同的材质和处理方式，主要包括以下五种：琉璃影壁、石质影壁、青砖影壁、木质影壁和抹灰影壁。

琉璃影壁，表面为琉璃包镶，是皇家和寺庙等高等级建筑的专属用材，有华丽耐久的特性。其原料为粉碎的矿石，高压成型，上釉后高温烧制而成。

石质影壁，是指通体采用石材雕砌的影壁，普通民居使用较少。存世的石质影壁大部分位于身份显赫的富户人家、皇家宫苑、寺庙或陵寝建筑群内。石材本身的质地比青砖更加坚硬、细腻温润。

青砖影壁，是指通体采用青砖雕砌的影壁，是中国广大民居中最常用的材质。青砖由黄泥成坯，入窑烧制而成，它的特点是易砍磨加工，在干燥通风的环境下耐久性较好，即使历经数百年亦无大的变化，缺点是怕长期潮湿浸润而腐蚀风化，尤其是与地面贴近的壁座部分。青砖影壁的使用在等级上几乎不受限制，皇家园林、宗教寺庙、普通民宅皆可使用。

木质影壁，壁身采用木质材料构造，为防雨水浉淋壁身，顶部则用琉璃或青瓦搭出屋檐，近代也有采用更加轻质的铁皮瓦作为屋面的铺盖物，以减少对木质壁体的压力，底部则用石材雕饰构件承托，用以防潮。木质影壁由于本身材质有着容易受潮变形、腐烂的缺陷，所以使用和存世很少，北京故宫内保存的数面木质影壁是这类影壁具有代表性的遗存。

抹灰影壁，是影壁壁心的一种软心做法，琉璃、石材、青砖影壁都有大量素灰抹面的做法，南方地区应用更普及。作为影壁的一种主要表面材质，它的使用甚至比木材和石材更加广泛。

还有一些影壁使用混合材料搭配构建，比如青砖和石材的搭配、青砖和琉璃的搭配，更复杂的还有青砖、琉璃、石材、木材四种材料的搭配（见右图）等。南方民间还有竹质影壁，北方民间还有土坯影壁。近半个世纪，随着观念的改变和材料的更替，又出现了水泥影壁、瓷砖影壁、陶艺影壁、红砖影壁等等，可谓丰富多彩。

混合材料影壁

山西榆次老城城隍庙乐楼戏台两侧八字影壁，由多种材质混合建造，下碱为青砖材质，壁心和瓦顶为琉璃材质，枋柱和斗拱为木质，夹柱石为石质。

第四节　中国建筑和影壁的自然格局

中国人盖房讲究与大自然和谐统一，建筑所选的地势和环境最为关键。理想的格局是“负阴抱阳，背山面水”，这样的位置被称为藏风聚气的宝地。具体原则主要有以下三条：

1. 地势隐蔽，呈较开阔的马蹄形状。马蹄形的正北一面有山脉和主峰。山脉称龙脉，主峰称来龙山，主峰下为最佳的主穴，房屋建造于此，即为大吉大利之地。房屋后面的山峰即为靠山，前面是较开阔的平地，左右两条河流汇聚前方。河流左右的次峰和岗阜，称作左辅、右弼，或称青龙山、白虎山。远方正对一座山丘主峰称为案山，再远处的山丘主峰称为照山。

2. 建房之地地势平坦，有一定坡度，而且干燥，前面远处则有流水或湖泊。

3. 面向吉祥，坐北朝南，阳光充足。

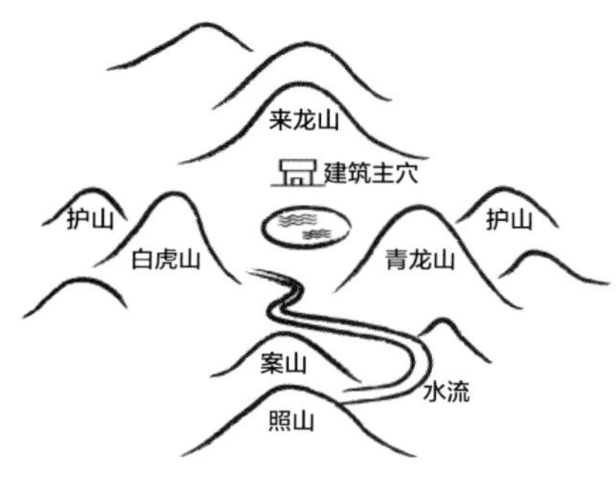

自然中的理想格局

从科学角度看，这样的环境有利于阻挡北方的寒流，迎纳南方的暖风，营造适宜的小气候，无疑是适合休养生息的好地方。

居宅建筑的布局一定程度上模仿了大自然中的格局，四面合围式建筑如同自然中的马蹄形地势，正房如主穴，东西厢房如左辅、右弼，倒座房如案山。大门设在东南角，门内外设影壁，影壁与大门的关系又是一个小的仿自然体系，进出大门，东厢房山墙影壁，如同稳固的主峰，门外对面影壁，好比远处的照山，形成模仿理想自然环境的典型格局。

传统观念认为，建筑格局的好坏与人生的命运有着息息相关的联系，好的建筑格局能助人事事顺利，家财两旺，不好的建筑格局则阻碍事业的发展，影响家庭和睦。人们经营宅院的布局，是希望自己的命运，就像处在这样的环境中一样，后有靠山支持，前有照山关照，两边有左辅右弼辅佐，财富就像这河流一样，在眼前聚拢流淌，永不枯竭。

以"地理环境宗"为主的建房原则，难以满足人们更深的文化需求，于是"理气宗"的相宅法随之流行，它的基本依据来自于《易经》和"天人感应"学说，综合河图、洛书、阴阳五行、九宫八卦等宇宙图式，来解释居宅的凶吉祸福，虽迷信色彩浓厚，但传统居宅格局多有此讲究，影壁设置及吉祥图案内容亦多与此有关，在此稍加介绍。

《易经》相传为伏羲、文王所作。它以乾、坎、艮、震、巽、离、坤、兑，分别代表天、水、山、雷、风、火、地、泽八种自然现象或者事物，并用阴阳两种对立势力的相互作用，来说明事物的形成和变化。

五行是自然中物质的组成归类，为水、火、木、金、土。每一类都有它的性质和所代表的方位，木在东方，火在南方，金在西方，水在北方，土在中央。五行之间相生相克，金生水，水生木，木生火，火生土，土生金。金克木，木克土，土克水，水克火，火克金。

五行八卦相符相成，形成一套以理数解释自然宇宙的体系，并演化出多种方位关系的吉凶结果。居宅的各个位置对应八卦中不同方位。而各个方位又有着不同含义，以北京四合院坐北朝南的"坎宅巽门"宅院来解，正房在坎位，可面向吉祥，迎纳阳光，也可借五行中属水吉位，以示火害不侵。而大门设在东南角巽位，巽为风，主流动和谦恭、平安和吉祥 。

影壁位处大门内或外的吉祥之地，与大门一道迎纳南方的暖风、东来的紫气，并阻挡煞气的进入，弘扬天地正气，聚敛祥和瑞气。从人们心理需求的角度看，是"前有照，后有靠"的理想格局。

第五节 影壁的作用

影壁的作用

传统中式建筑，讲究“高低错落”和“出入躲闪”的空间营造，影壁是营造这种空间躲闪的重要一环，它回避了大门和正房之间直来直去的布局，打造了平稳的空间场，也营造出古典建筑的美学意境。影壁因建筑环境、位置和形式地不同而有着不同的作用倾向。

1. 遮挡视线

设在大门内居中位置的独立影壁，遮挡视线的作用最为明显，它可防范外人窥视，使院内景物无法一览无余。以北京中新华门影壁为例，大门内正对的一字大影壁，其长宽恰好大于大门的相应尺寸，外人无论从哪个角度，都无法看到院内的景物，同时影壁和大门所呈现的关系也给人一种庄严神圣的感觉。民居中一些小型四合院也有一些居中设置的门内独立影壁，同样具有遮挡视线的作用。

北京新华门影壁

2. 延展空间

大门外一路之隔的影壁，与大门正对并相互呼应，形成大门外空间的延展。大门两侧的八字影壁，呈环抱之势，将门前的空间收拢聚敛。这两种影壁一同起着收纳气场、延展空间的作用。

山西平遥文庙影壁

3. 明确等级

从周朝开始，影壁就是等级的象征，随着历史的发展，影壁进入了民居建筑，但等级色彩依然体现在各种建筑细节当中。民宅使用一脊两兽硬山式和悬山式建筑，官宅和寺庙使用五脊六兽悬山式和歇山式建筑，皇家和高等级寺庙则使用九脊十兽庑殿顶式建筑。在用材上，琉璃是皇家建筑、寺庙建筑的专属用材。民宅只能用砖材、木材和部分石材。影壁的图案纹样和其他一些构件造型，也有相应的等级规定。

北京故宫九龙壁

山东曲阜孔庙仪门

4. 彰显礼仪

中国是礼仪之邦，在高等级建筑中，影壁也是彰显礼仪的一部分。紫禁城中有几座木质影壁，这类影壁在遮挡视线的同时，也具有迎宾礼仪的作用。山东曲阜孔庙中的重光门，又称“仪门”或“塞门”，坐落在孔府大门内影壁的位置，遇到尊客驾临或其他重大活动，木门便会开启，这是孔府的最高礼仪。普通民宅中的青砖影壁，以一个正面端庄吉祥的形象矗立在门内，对于进出大门的人来说，也是礼仪的体现。

河北张家口蔚县民居影壁

5. 调节风水

影壁与大门的相对位置，模仿了自然中最具风水意义的地理形势关系，以人在大门的位置上看，身后的影壁则是安全的靠山，面对的影壁则是聚集能量的照山，给人以“前有照、后有靠”的心理暗示。同时影壁也使气流经过时放缓并绕行，形成舒适的S形轨迹，避免了“穿堂煞”的忌讳，使院内气场变得祥和有情。有些民居更是把阴阳八卦图、河图、洛书等符号雕刻在影壁上，以强化影壁的风水作用。

山西灵石县王家大院影壁

6. 弘扬正气

影壁与大门的相对位置，模仿了自然中最具风水意义的地理形势关系，形成平稳和聚集祥和正气的空间场。一座端庄挺拔的影壁，即使不落雕工，也会给人大气磅礴的感受，如果再配以各种吉祥图案，使影壁显露出富贵祥瑞、吉祥向上的内涵，自然会使瑞气得到凝聚、正气得以弘扬，这也是宅院中最刻意追求的一种“阳气”。

山西襄汾民居影壁

7. 镇挡邪煞

民间道教神灵中，既有吉星下凡，也有邪煞潜行，因此阻挡邪煞进入院内成了宅院建筑体系的重要任务。除了门神镇守大门关卡外，内影壁成了另一道重要设置。民间甚至将钟馗形象刻在影壁上，以增强护院挡煞的作用。一座高大厚重的影壁，自然会使恶鬼避退、邪煞不侵。民间还流传一种说法，影壁会阻挡呈直线行进的鬼灵，从而保护宅院的安全。

8. 迎福纳祥

迎福纳祥体现了深厚的中国传统文化意识。从古到今，这一类的吉祥图案，都是民间各种绘画、雕刻的主要表现题材，也是影壁上的主要内容。比如很多壁心处刻的“福”字，便是最直接的诉求表达，其他如“富贵牡丹”“连年有余”“五福捧寿”等，也是最常见的民间吉祥图案内容。这类图案体现了人们盼望快乐幸福和富贵长寿的美好愿望。

山西大同民居影壁

9. 教化审美

美感是人性中的本能需求，向善是社会的道德需求。影壁以其有利的位置，成为宣扬德化、创造美感最有效的园地，儒家思想和道家文化借此得以普及和传播。

陕西汉中民居影壁

10. 防御屏障

追溯影壁的起源，可以推测远古的先人在穴居洞口用以防御其他部落或野兽侵袭的矮墙或许就是影壁的雏形。在古代，城池门前的影壁也有防御的作用，它既可防止枪矢直射城门，也可作为本方官兵进攻或撤退的掩体。

河北蔚县城堡影壁

11. 名号招牌

很多寺庙，将庙号名称刻在山门前的影壁上，以便信众、游客在很远的距离就能清晰识别。甚至也有不少村庄、庄园、商号、学校等也将影壁用作标识招牌。

山西忻州五台山寺庙影壁

影壁的作用，是各种功能的组合，空间的遮挡和延展、祈福避煞等功能或分主次而相映一体。以上列举的几点，只是一些显而易见的作用，以中国地域之广、文化之厚，谅未盖全。

需要补充的是，民间认为影壁可保宅院人财两旺。“聚气聚财”“直来直去损人丁”的传统观念根深蒂固。家里只要是起架建宅，影壁绝对不可或缺。

影壁的形式也符合人们博个好彩头的心理需求，雕刻的各种生动的吉祥图案以及“抬头见喜”“出门见喜”这样的小字联，正是这种心理需求的有益暗示。

在以上这些意义之外，还有一点尤为重要，那就是在中国建筑本身具有的东方美学理念中，影壁是营造建筑空间关系的一个节点。抛开其中的民俗讲究，即使从严肃的学术角度来看，影壁也在整体建筑空间关系和在穿插、躲闪和遮挡布局中，都有着不可替代的内在美学价值。

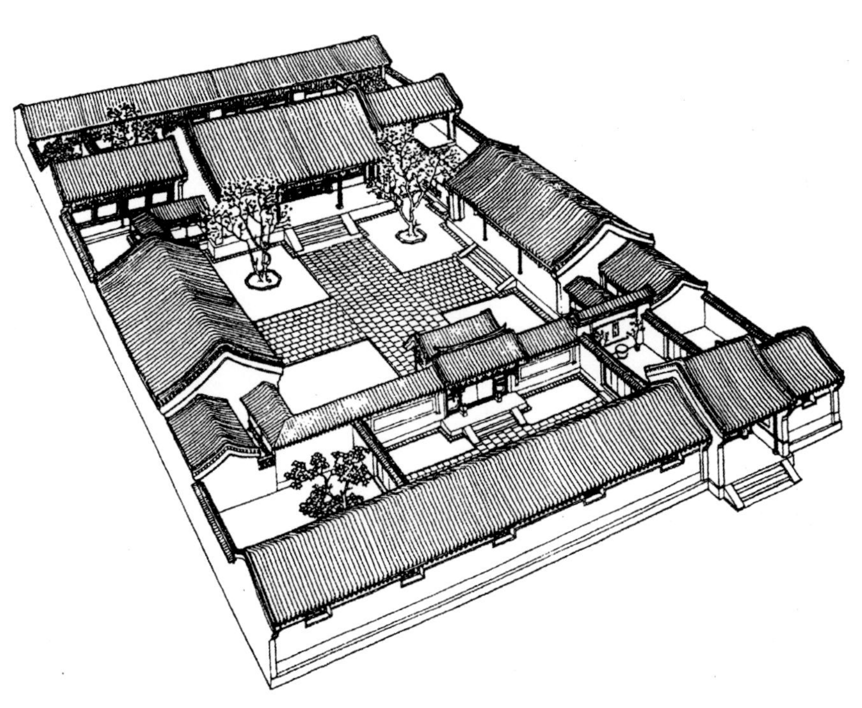

北京三进四合院建筑格局

影壁与建筑的相对位置图例

坐北朝南的四合院格局是北方平原城镇的正统建筑，影壁的位置基本上是常规的内影壁、外影壁和八字影壁。而广大乡村地区的民居或寺庙建筑，还有一些其他位置的影壁，例如街影壁、村影壁、屋顶影壁、房后影壁等，它们都是建筑格局中刻意的设立，都在不同建筑格局、建筑朝向以及不同地域风俗的框架中发挥着应有的作用。

中国地域广大，宅院形式多样，此处列举的部分图例只是众多建筑格局中的几种样式。

图中棕色部分表示影壁，以示其在宅院中的相对位置，黑色箭头是大门或道路的进出方向。

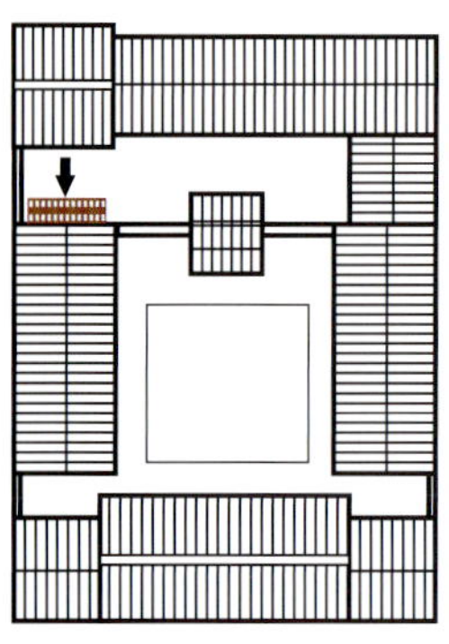

四合院内影壁

北方理想的宅院，正房坐北朝南，大门设在东南巽位，影壁坐落在与大门中轴线对应的东厢房山墙上，主要作用多为祈福挡煞，并无遮挡的功能。

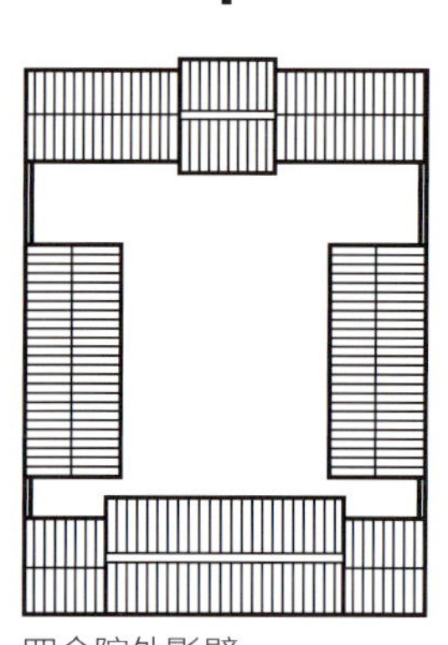

四合院外影壁

大门外正对的影壁，主要设置在皇家宫院、王府、庙宇、衙署和一些大户宅院前，影壁与大门有一路之隔，主要作用是扩展大门前的视觉空间、增加尊贵的气势、遮挡影壁后面不规整的建筑。

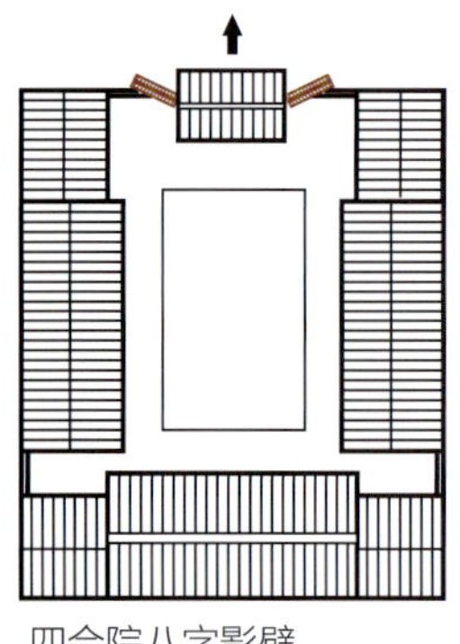

四合院八字影壁

大门两侧的八字影壁，也称反八字影壁，起着延展空间和收拢视线、增加大门气势、凝聚祥和之气的作用。

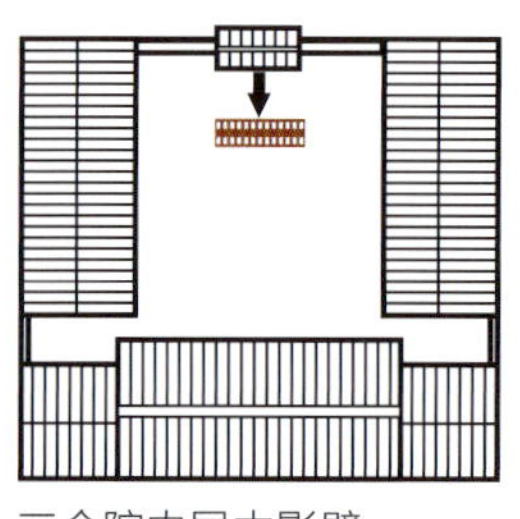

三合院内居中影壁

居中设立在大门内的独立影壁，主要功能为遮挡路人的视线，以及避免“穿堂煞”。

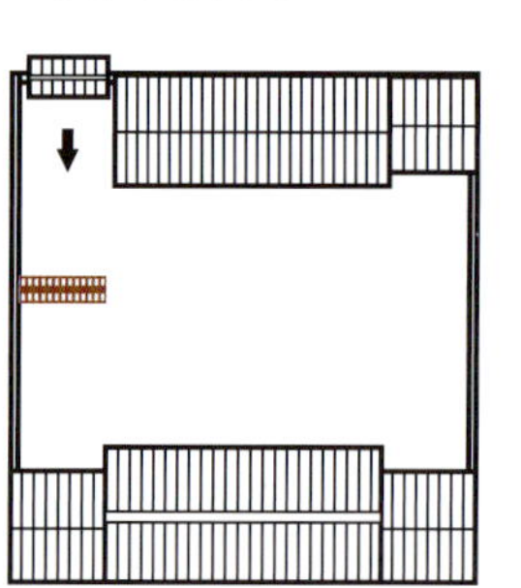

二合院内影壁

没有东西厢房的建筑格局，正对东南角院门的内影壁一般为独立样式。其作用主要为遮挡路人的视线和空间躲闪。

三合院正房影壁

山西晋中一带的此类建筑格局，与云南白族地区的“三房一照壁”建筑格局有着相似的特点，皆为院内影壁面对正房，这种影壁位置，满足了户主在居住环境中盼望吉祥的心理需求。

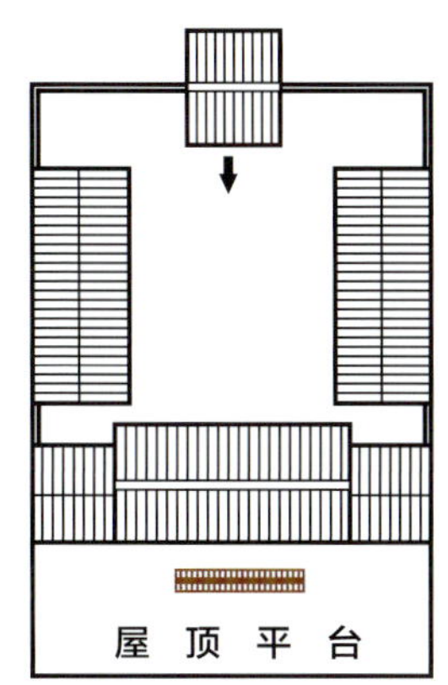

屋顶平台影壁

山西平遥一部分地区的窑洞建筑平台上，紧靠女儿墙的正中或者对着远处的冲口，都有一组镂空壁心的影壁，这种格局既起到了增加建筑空间高度的作用，也满足了迎纳祥瑞的民俗需求。

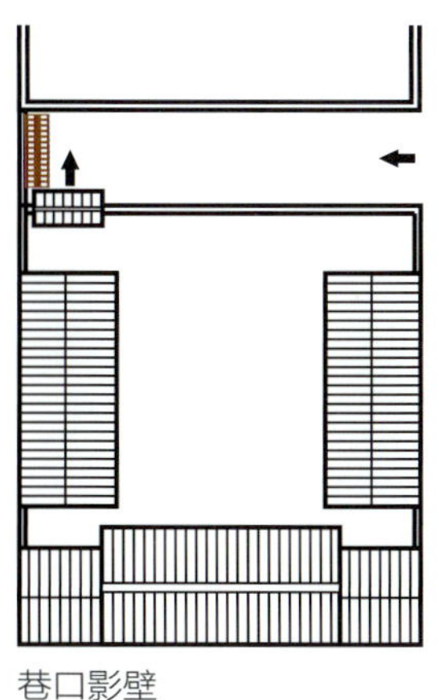

巷口影壁

设在宅院外通道尽头的影壁，既有标示大门位置的作用，也是一道赏心悦目的审美景观，对于从巷口进入的人来说，这样的设置有着舒缓心情的作用。

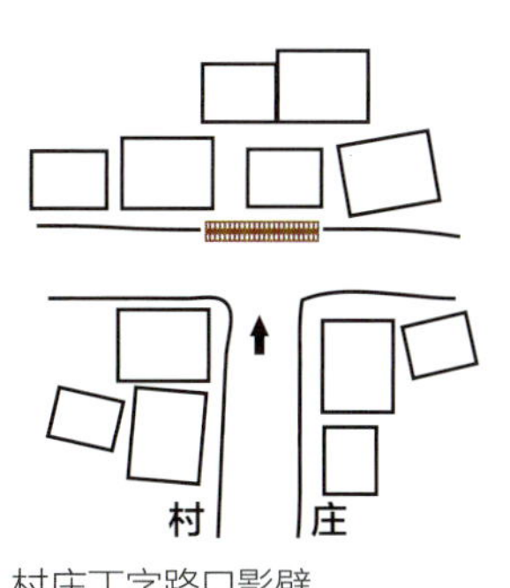

村庄丁字路口影壁

村庄内丁字路口正对街口直道的影壁，主要作用为镇挡路冲煞。

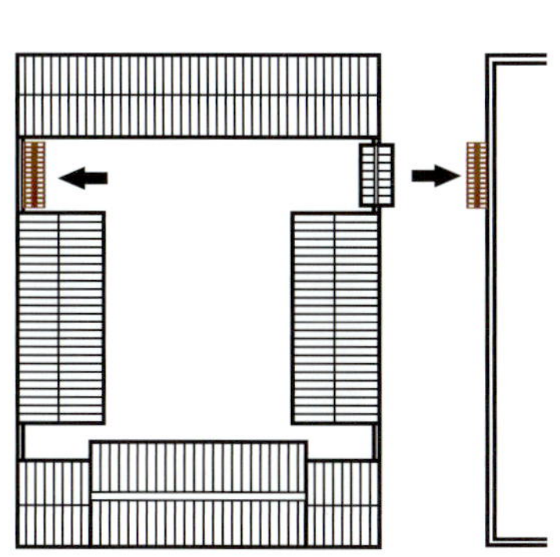

四合院内外正对影壁

出门和进门都看到影壁，似乎成了一些地区人们的强烈愿望，左图表现了晋中南地区某类院落与影壁的典型关系。实际上，还有一些院落甚至有四面以上的影壁，这意味着主人无论从正房还是从大门每进出一次都会面对影壁，而每一次面对都是一次喜悦和自醒。

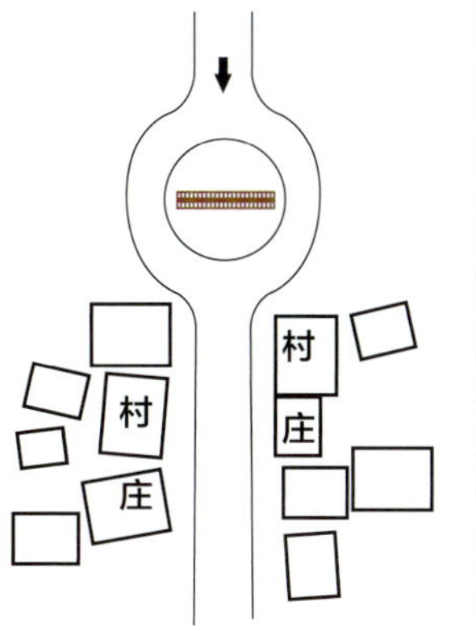

村口影壁

村庄道路路口设立的村影壁，是北方乡村常见的景观，道路在影壁前分流绕过影壁后重新会合，这种影壁既是村庄的标志，也能阻止煞气直冲村庄。

特殊位置的影壁

山西忻州五台山塔院寺山门外，有一组近似直角转折的连体影壁，它由两面不同朝向的影壁连接而成，一面正对山门，一面正对路口，看似奇特，却符合建筑在这种环境中的地势要求。它既是影壁，也是围墙的一部分，对寺门外空间也起着凝聚和收敛的作用。

山西忻州五台山塔院寺山门影壁

山西太谷阳邑乡阳邑村净信寺，正殿东西两侧各有掖门一座，影壁却正对大殿后墙，显见的作用是守护整体寺院的中路，以保主体建筑后身的吉祥平稳。这种类型的影壁在一些特殊寺庙建筑中比较常见，它也是少数几种和大门没有关系的影壁形式之一。

山西太谷净信寺后墙影壁

山西介休张兰镇板峪村板峪大庙乐台的特别之处，就是乐台四面都可开门唱戏，戏台东面对着东岳庙（原为嗦口师庙），南面为南海观音和关公，西面为河神，北面为玉皇大帝和乌龙。戏台上的四角建有四座小八字影壁，青砖砌造，须弥座下用条石承托悬挑。四面影壁既隔挡了乐台的四面空间，又具有收束音响的效果。

山西介休板峪大庙乐台影壁

山西长治平顺县阳高乡奥治村禹王庙山墙侧面的独立影壁，却对着寺庙建筑的半个山面和进出道路的一半，看似奇特的位置，实际上有着符合地貌特征的原因，紧挨寺庙的村路一侧是一道向下陡立的崖壁，影壁的设立既有为寺庙镇挡气的作用，也为进出寺庙的行人标示出道路转折的位置。

山西长治禹王庙影壁

纪念性影壁

山西临汾洪洞县大槐树影壁

山西临汾洪洞县大槐树影壁，中心间壁心刻着一个大大的“根”字，两次间壁心分别刻着篆体字“饮水”和“思源”。此影壁建于 20 世纪 80 年代，以纪念历史上的大移民事件，从明洪武年间起，自洪洞县大槐树集合和中转出的移民遍布神州各地。建造这座大影壁是为了给后人提供一处缅怀先人、寻根问祖的标志性场地。

辽宁海城厝石公园内琉璃影壁

辽宁海城厝石公园内琉璃影壁，原坐落在琉璃世家侯氏门前，清道光皇帝因念侯氏自清太祖时起，一直为清皇室烧制琉璃建筑制品的功劳，御赐修建了该影壁。这恐怕是除皇家和寺庙外合法使用黄绿色高等级琉璃影壁的个例了。影壁壁心一面为“六合同春图”，一面为“麒麟望日图”。

山西忻州五台山尊胜寺影壁

山西忻州五台山尊胜寺偏院的一座砖雕影壁，壁心嵌有“真容现处”四字的石雕牌位，据说与一个唐代的传奇故事有关。相传一位印度高僧来到此地，欲见文殊菩萨真容，文殊菩萨即化身老者现身于此，后世信徒因此设立该影壁并刻石雕牌位，以做纪念和膜拜。

山东曲阜孔庙诗礼堂影壁

山东济宁曲阜孔庙诗礼堂后的影壁，壁身一面立着刻有“鲁壁”二字的石碑。据载秦始皇焚书时，孔子九代孙孔鲋将《论语》《尚书》《礼记》《春秋》《孝经》等儒家经书，藏于孔子故宅墙壁中，使其免于火焚而得以保存。明朝时人们为纪念孔鲋保藏儒家经书的功绩而设立此影壁，并刻立“鲁壁”碑。

第六节　影壁的结构

影壁由下碱（壁座）、墙身（壁身）和屋面（壁顶）三部分组成。北京悬山式影壁的下碱为须弥座，墙身由壁心、中心花、岔角花、线枋、柱子、大枋等组成，屋面由椽飞、青瓦、博风等构件组成。有些地区的影壁还有斗栱、垂柱、挂落等构件。总体而言，中国的影壁都是对木构建筑的模仿，相应位置上的构件形式和名称几乎都是木构建筑的翻版，但经过砖雕材质的转换，这些构件又呈现出独立而纯粹的美感。

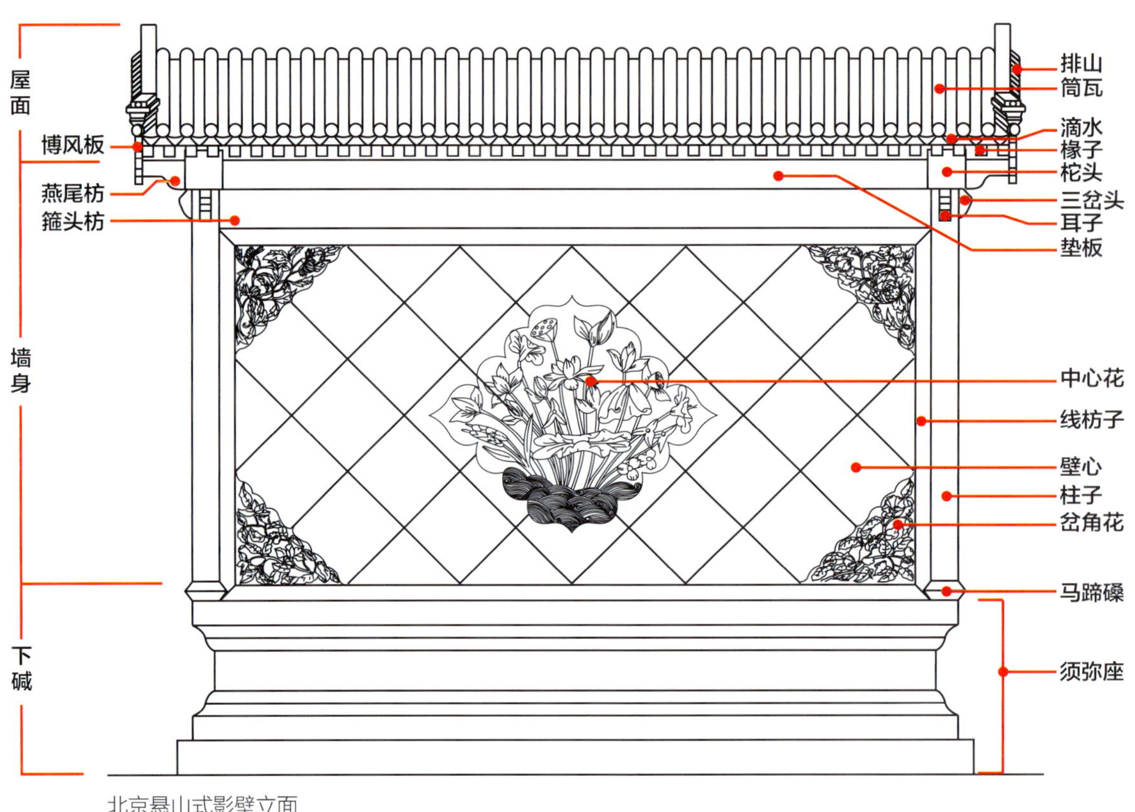

北京悬山式影壁立面

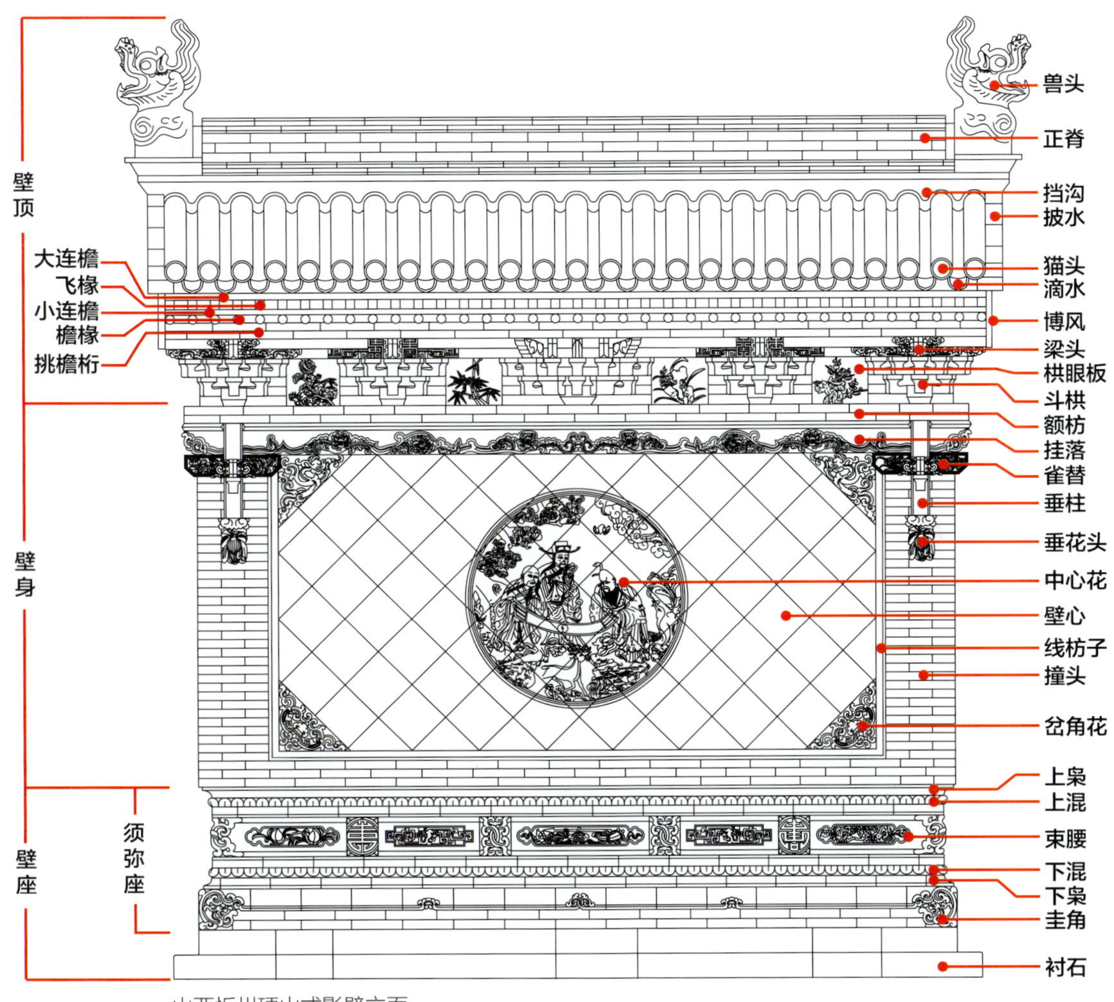

山西忻州硬山式影壁立面

壁心

壁心是影壁壁身的中间部分，处在下碱和额枋之间的枋框内。壁心居中位置上的一组雕刻称作中心花，它是大多数影壁的视觉重点，是雕刻和寓意最讲究的地方之一。中心花的外形有菱形、海棠形、圆形等不同样式。壁心四角呈三角形的装饰图案称作岔角花，它作为壁心或中心花的陪衬，起着稳定四角和扩展画面的作用，它的雕刻内容大都与中心花有一定的联系。

各地有大量没有装饰雕刻的影壁壁心，这一类壁心主要以方砖斜砌为主，还有一部分为各种花式的砖拼壁心。

一些地区影壁也有不少满堂铺壁心，就是把整体壁心作为一幅完整画面来处理，或用青砖雕刻，或用泥塑再烧，构图或饱满或简洁，这在晋中南、陕南等地区十分流行，内容也随着不同地域的风俗而有所不同。像山西翼城、曲沃一带，偏重于“麒麟八宝”图案和“钟馗”造像，山西阳城一带又以“鹤鹿同春”题材居多，还有的纯粹是体现“渔樵耕读”的风景画面。这些各具特色的壁心极大地丰富了影壁砖雕艺术的内容，是我国民间传统文化中宝贵的艺术遗产。

壁心本身的长宽比例，各地区差异很大。北京地区偏于横宽，以完整方砖为单元，多为 6 ∶ 3、6 ∶ 4、5.5 ∶ 3.5 等比例。这种横宽比例的壁心，在大部分地区是主流形式。晋中和晋北还有正方形壁心，晋南则更多的是竖长形壁心，比例多为 2 ∶ 3、3 ∶ 5、2 ∶ 4 不等。

横长方形方砖斜砌壁心，海棠形中心花配四岔角花

横长方形方砖斜砌壁心，四角配岔角花

横长方形方砖斜砌素面壁心

正方形线枋内软心描字壁心

正方形花砖枋框四条屏式壁心

正方形中心方套圆图案配岔角花壁心

正方形满堂铺配岔角花壁心

竖长方形花板枋配岔角花圆中心花壁心

竖长方形枋框满堂铺壁心

岔角花

岔角花是壁心四角的装饰，形状有直角等腰三角形、直角不等腰三角形和直角不规则三角形等。岔角花起着衬托壁心或中心花、稳定画面的作用，它的相对面积虽然不大，但却是影壁上比较重要的装饰区域，一些雕刻水平很高的岔角花其欣赏价值不亚于中心花。

皇家影壁的岔角花，大部分以琉璃材质为主，构图讲究、层次鲜明，紫禁城乾清门一封书撇山影壁的琉璃岔角花，其工艺水平体现了皇家建筑装饰的最高水准；寺庙影壁岔角花，既有琉璃材质，也有砖雕材质，雕刻工艺端庄气派；民间影壁岔角花，材质主要为青砖，因尺度的局限，图案偏于简洁，但也不乏生动有趣的造型，龙拐纹、卷草纹、荷叶纹、蝙蝠纹等都是民居影壁岔角花中最常见的题材。

北京皇家岔角花

山西寺庙岔角花

山西民居岔角花

山西民居岔角花

山西民居岔角花

陕西寺庙岔角花

山西民居岔角花

山西民居岔角花

山西民居岔角花

山西民居岔角花

山西影壁挂落

山西影壁挂落

山西影壁挂落

挂落

挂落是影壁上两个垂柱之间的装饰。它的上边缘连接正枋下端，下边缘叠压在壁心之上，有的挂落紧贴壁体，有的则稍有悬空，并做成镂空透雕。挂落也是影壁的视觉重点之一，同时起着承上启下的作用，所以也是最体现雕刻精度的地方。有的挂落为了增加层次，与花罩相叠压，更显华丽丰富。也有的挂落更是将花朵做成圆雕，嵌接在浮雕的枝叶上，使整体的立体感得到加强。

各个地区的影壁挂落形式各有不同。北京影壁没有挂落结构，相应位置上有近似挂落的箍头枋子，上面不施雕工。山西晋北等地则将挂落视为影壁的装饰重点之一，甚至是唯一重点雕琢的构件。而山西晋南地区的一部分影壁其挂落的位置，则是以满雕通间枋代替。

山西影壁挂落

山西影壁挂落

山西影壁挂落

山西忻州砖雕斗栱，昂嘴的排列富有极强的装饰感。

斗栱

木构斗栱是中国传统建筑特有的构件，位于柱顶、额枋和屋顶之间的结合处。木构斗栱本质的作用是支撑屋檐的重量，传递椽飞悬挑出的荷载，但随着建筑工艺的发展，斗栱的装饰性远比它的实用性更突出。宫殿和庙宇都是斗栱使用比较集中的建筑，有斗栱的建筑称作大式做法，民居建筑中无斗栱样式称作小式做法。唐代以后，官方规定斗栱不得在民居建筑上使用。

民居影壁的砖雕斗栱是对木构斗栱的模仿，因影壁具有比住房更高的精神属性，砖雕斗栱不在被禁用之列。

砖雕斗栱虽然来自仿制，但受砖材质地和尺寸的影响，它的形式比例与真正的木构斗栱也有所不同。砖雕的荷载不能承受大幅度的出檐，所以它的造型偏向内敛，依靠砖雕斗栱承载的出檐从墙皮到檐口，一般都在三四十厘米以内，但民间也有少量的大幅度出檐，最大甚至达到八九十厘米。这需要复杂的斗栱紧密排列，层层出跳一直延伸到载荷的极限，结构稍有不慎就会有栽头坍塌的危险，与木构斗栱有时能承载长达 4 米多的出檐不可等量齐观。

山西忻州砖雕斗栱

山西忻州砖雕斗栱

山西太原砖雕斗栱

山西大同砖雕斗栱

山西晋城砖雕斗栱

山西忻州砖雕斗栱

山西影壁正脊脊面装饰

正脊、鸱吻（兽头）和博风头

影壁的正脊，又叫大脊或平脊，位于屋顶前后两坡相交处。民居影壁正脊立面一般雕有连续的花草纹样，寺庙影壁除了花草题材外，还有一些龙凤造型的图案，有的寺庙正脊中央设脊刹宝顶。

中国古代建筑用料主要是砖木，一旦发生雷击引发火灾，极易垮塌损毁。古人对其中原因无法做科学解释，所以在避雷针发明以前，人们能做的就是将传说中与水有关的几种动植物造型，装饰在建筑顶端两侧，以求它们能遇火喷水，保佑建筑的安全。

鸱吻，民间也有望兽、兽头之称，由鸱尾演变而来。《唐会要》曰："汉记，柏梁殿灾后，越巫言海中有鱼，虬尾似鸱，激浪即降雨，遂作其象于屋上，以厌火祥。"后人借此传说，置鸱尾于屋顶，取其能喷水灭火的文化含义。这种构件演变至今，成为建筑的固定装饰形式。

悬鱼，是建筑山面博风板中央的装饰物，作用是掩盖博风板的缝隙。原始的造型即为一条鱼的形状，人们用此做装饰，本意仍然是让与水有关的动物形象来担当防火灭火的象征责任。经过时代的演变和工匠的发挥，悬鱼虽然不再具有鱼的形状，但其名称一直沿用至今。

惹草，据传是一种水生植物，用在博风板下沿部位，作为遮挡檩条端面的装饰物，其象征意义与悬鱼相同。

博风，也称博缝，有着遮挡桁（檩）头的作用，博风头是博风板的端点，也是重要的装饰构件。北京地区的博风头多以"万事如意""牡丹富贵"等砖雕作为装饰样式，山西、河北等地的博风头有卷草、龙首、狮子、如意纹等不同形式的装饰造型。

望兽

悬鱼

惹草

博风头

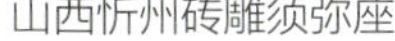
山西忻州砖雕须弥座

山西忻州砖雕须弥座

须弥座

须弥座源于佛教的须弥山，是佛祖座下的台基形式，在汉代随着佛教传入中国，逐渐对建筑装饰产生影响，进而成为一种固定的建筑模式。

影壁使用须弥座原本也是体现建筑的等级，这也是北京悬山式影壁与硬山式影壁的区别之一，而在各地民居中得到迅速普及后，几乎成了影壁建造的普遍样式，并发展出多种变异结构的造型。再加上须弥座上精美的雕刻，使其具有很强的观赏性。

须弥座的装饰主要集中在束腰部分。北京地区的须弥座图案大部分是束腰两边有“椀花结带”，中间有“卷草纹”或“宝相花”，三组图案之间留有一定的空白。山西晋北的影壁须弥座，束腰则由多个折柱分割出花板空间，雕刻诸如“琴棋书画”或其他花卉、动物等图案。晋南须弥座束腰花板有的为通间板，有的则演化为几腿式造型。

砖雕影壁上的须弥座受青砖尺度的影响，造型和比例与石雕须弥座有所不同，每一层的高度都以青砖本身的厚度作为基础，其他尺寸依其倍数垒砌，所以青砖须弥座不像石质须弥座那样显得厚重，但这也是青砖须弥座的独特之处。

山西晋中介休市后土庙琉璃脊刹

山西晋中介休市后土庙琉璃脊刹

山西晋城高平市崇明寺琉璃脊刹

山西晋中平遥县民居影壁迎神楼

脊刹

脊刹是寺庙建筑物正脊中央的一组凸起的雕塑，也称宝顶，高等级的佛教寺庙和道教寺庙建筑常有这样的装饰。脊刹的造型多样，有的脊刹正中塑造成楼阁样式，并设有三组象驮宝瓶造型。有的脊刹则是狮托葫芦造型。青狮、白象本是佛教中的瑞兽，用在道教庙宇上，体现了佛教和道教的融合。脊刹的作用，是以楼阁的形式迎接天上的神灵，以身托宝瓶或葫芦的青狮、白象的形象，表现尊贵的吉祥仪式，迎接神灵的降临。

山西介休后土庙建筑，是中国琉璃建筑的大成，其中的脊刹装饰，堪称琉璃艺术的经典。

一些地区民间建筑的正脊中央，也有类似的装饰，民间称之为迎神楼。它们的作用是为了迎接天上过往的神仙，盼望神灵能带给住户一些仙气和福气。现在民间还有一些地区有正月初一放鞭炮迎神的习俗，这是人们祈求神灵保佑全家平安幸福、吉祥如意的传统的延续。

山西晋中介休市后土庙琉璃脊刹

建筑等级样式

重檐庑殿式

重檐歇山式

单檐庑殿式

单檐歇山式

悬山式

硬山式

中国古代建筑等级森严，样式明确。屋顶样式是区分等级最重要的部分，从最高的皇家建筑到最低的民居建筑，等级样式如下：

1. 重檐庑殿式

屋顶为双层四面弧度斜坡，庑殿顶又称为“四阿顶”，宋朝后称“庑殿”。重檐庑殿式是中国建筑等级的最高形式，主要用于佛殿、皇宫（例如太和殿）的主殿等重要建筑上。明清后也用于孔庙的主建筑体上。

2. 重檐歇山式

歇山式为庑殿式和悬山式的组合，重檐歇山式为上层歇山式、下层庑殿式，级别仅次于重檐庑殿式，主要用于宫殿比较重要的建筑（例如天安门）、皇家园林和庙坛等建筑上。

3. 单檐庑殿式

样式为单层四面弧度斜坡，用于皇家建筑和高等级寺庙建筑。

4. 单檐歇山式

歇山式，又名九脊式，在规格上仅次于庑殿式。歇山顶共有 9 条屋脊，即一条正脊、4 条垂脊和 4 条戗脊。

5. 悬山式

悬山式，为建筑两侧博风板悬挑出山墙的样式，其等级低于庑殿式和歇山式，仅高于硬山式。

6. 硬山式

硬山式，为建筑两侧博风板紧贴山墙的形式。其建筑等级最低，是民居建筑的主要形式。

建筑屋顶的其他样式还有卷棚式、攒尖式 、盝顶式 、盔顶式等。

影壁作为一种建筑形式，其等级体现与上述屋顶样式基本对应。民居影壁大多使用一脊两兽的硬山式、悬山式或卷棚式，寺庙及皇家影壁则更多地使用歇山式和庑殿式。一般影壁顶部绝少使用重檐。

第二章　中华影壁精粹

第一节　民居影壁

北京民居影壁

北京是六朝古都，建筑等级最为森严。由于传统营造法规的限制，建筑的用砖、用瓦、用色等都有严格的规定，北京的民居影壁主要使用青砖材质。

北京民居影壁的样式结构有三种：悬山式影壁、硬山式影壁和平台式影壁。

悬山式影壁的造型结构是对悬山建筑的模仿，它与硬山式影壁的不同之处在于，两山的博风板向外有一定量的悬挑，壁身砖柱子外侧不设撞头，下碱采用须弥座做法。悬山式影壁的样式级别高于硬山式影壁。

硬山式影壁的主体结构大都能与硬山式建筑相对应，它的正面分为下碱、壁身和屋面三部分。硬山式影壁上有撞头、砖柱子、马蹄桑、大枋子、线枋子、耳子、三岔头、飞椽和檐椽等构件，基本上都能从木构建筑上找到相应的出处。

平台式影壁没有砖柱子、马蹄桑一类的模拟构件，结构比较简陋，壁心一般也是采用抹白灰的软心做法，稍微讲究一些的会在壁心处镶刻砖匾，上刻“迎祥”“平安”等吉祥词语。

北京悬山式民居影壁

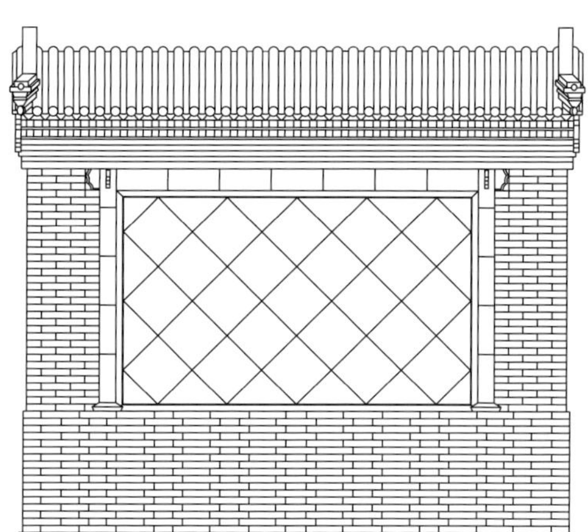

北京硬山式民居影壁

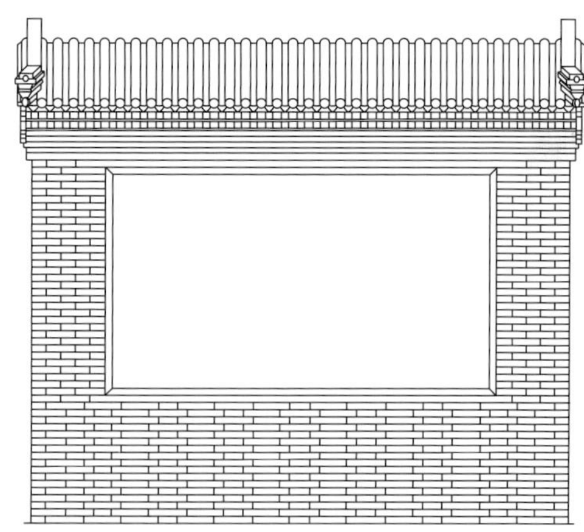

北京平台式民居影壁

东城区东棉花胡同民居影壁，壁心仿木挂板刻“迎祥”

北京东城区东四六条民居影壁，壁心仿木挂板刻有“戬榖”。

北京东城区演乐胡同民居影壁，壁心仿木挂板刻有“鸿禧”。

北京东城区东四六条民居影壁，壁心仿木挂板刻有“迎祥”。

北京西城区帽儿胡同民居影壁

北京海淀镇彩和坊李莲英故宅影壁，壁心为“富贵牡丹”。

北京西城区红线胡同民居影壁

天津民居影壁

天津传统建筑的形式和装饰深受不同地域文化的影响，在结构上具有北方地区相对厚重简洁的特点，在雕刻装饰上又有着南方细碎丰富的表现形式，同时还带有西洋文化的渗透，这使得天津样式的影壁在北方传统的文化氛围中显得别具特色。

天津老城民居影壁的大枋和边枋雕刻

天津老城民居影壁

天津杨柳青石家大院影壁

河北民居影壁

河北蔚县，古称蔚州，位于河北省张家口市西部，紧靠山西大同，曾是古代燕云十六州之一。蔚县曾先后隶属于山西大同府和河北宣化府，文化习俗、民居建筑装饰风格与山西大同地区有着诸多相似之处。

出于地理位置和民族环境的原因，蔚县有着数量众多的防御性城堡，堡内民居几乎家家有影壁，其位置位于大门内正对的山墙上，体量高大，大多数影壁的正脊上沿高出房屋山墙，造型挺拔秀美。须弥座除了采用常规的砖雕做法外，石质须弥座的存量也有不少。除极少数的壁心雕有中心花外，大部分壁心为方砖斜砌的素作，连岔角花也较为少见。壁心在整体影壁上所占比例相对较大，壁心与撞头间立有砖柱，正对上方的齐头梁。垂柱、挂落、正脊有着迥异于其他地区的风格。

张家口蔚县南留庄镇民居影壁

张家口蔚县宋家庄镇民居影壁

张家口蔚县宋家庄镇民居影壁

张家口蔚县南留庄镇民居影壁

张家口蔚县南留庄镇民居影壁

张家口蔚县暖泉镇民居影壁

张家口蔚县南留庄镇民居影壁

张家口蔚县西合营镇民居影壁

张家口蔚县西合营镇民居影壁

张家口蔚县西合营镇民居影壁挂落

蔚县影壁的挂落雕刻，给人一种细滑精致的感觉。它的造型有两种突出的形式：一种是下幅呈波浪形，装饰沿下边缘间隔或连续展开；一种是上下平直的通间形状，整体满铺装饰。两种形式的雕刻都有一种强烈的细密稚巧感。

蔚县影壁的博风装饰，不同于北京博风头略带粗犷的满构图雕刻，而是在砖体的前端随形区域内进行精细的装饰，密集的图案与光滑的平面形成强烈的视觉对比，体现了当地雕刻技艺的浪漫和精致，这种独特的表现形式有着浓厚的蔚县剪纸的味道。

张家口蔚县西合营镇民居影壁坨头、博风装饰

坨头装饰，是当地影壁最出彩的部位，它模仿了木构中的相应构件，并在其前端雕刻出精美的图案。“麒麟望日”“禄星”“寿星”等都是坨头装饰的主要题材。由于雕刻本身是单独镶嵌在表面的砖雕，所以被盗的概率很高，该地区这类砖雕已不多见。

张家口蔚县西合营镇民居影壁坨头、垂花

张家口蔚县西合营镇民居影壁坨头、垂花

张家口蔚县南留庄镇民居影壁坨头

张家口蔚县南留庄镇民居影壁坨头

张家口蔚县北水泉镇民居影壁

山西民居影壁

山西大同民居影壁

山西大同是著名的历史文化名城，除高规格的九龙壁、五龙壁、三龙壁等琉璃影壁外，民居砖雕影壁的种类也非常丰富。

大同民居影壁风格大致有两种：一种倾向敦实厚重，雕刻细腻之中不乏粗犷，做工工艺稚拙简练，这类影壁主要集中在天镇县、大同县等县区。另一种影壁风格轻盈挺拔，做工精细，砖雕结构更显灵动，几乎完全与河北蔚县地区的影壁风格一致，这主要是因为蔚县在明代时曾属山西大同管辖，地域文化本属一派，风格相似自在情理之中，这类风格的影壁主要集中在靠近河北蔚县的广灵县、阳高县等县区。

天镇县民居影壁

天镇县新平堡镇民居影壁

天镇县谷前堡镇民居影壁局部

阳高县马家皂乡民居影壁局部

大同县杜庄乡民居影壁局部

广灵县壶泉镇民居影壁

广灵县壶泉镇民居影壁挂落花板局部

广灵县作疃乡民居影壁

阳高县马家皂乡民宅影壁

广灵县蕉山乡民居影壁

广灵县蕉山乡民居影壁正脊装饰

广灵县南村镇民居影壁正脊装饰

广灵县南村镇民居影壁正脊装饰

广灵县蕉山乡民居影壁额枋挂落和正脊装饰

广灵县壶泉镇民居影壁斗拱

广灵县壶泉镇民宅影壁

广灵县蕉山乡民居影壁挡沟样式

广灵县蕉山乡民居影壁挡沟样式

大同阳高县民居基督教神龛砖雕影壁

壁心图案上方刻有“耶稣圣号”，下方刻有“败魔神龛”，两侧楹联已损毁。

山西忻州地区民居影壁

山西忻州，位于太原以北、大同以南，建筑装饰风格朴素大方，有着北方民居宽大厚重的特点。忻州影壁砖雕大量集中在壁心线枋之上的挂落、雀替、垂花柱和栱眼板等位置，以及须弥座上的束腰部分，唯独在宽阔的壁心中间，大部分采用方砖斜砌的素面做法，绝少有中心花作为装饰。虽然这样的壁心形式在其他地区普遍存在，但在忻州却显得尤为突出。

忻州影壁在这种风格局限中，更加注重斗栱的塑造和表现力，多数斗栱层层出跳，突出了排列整齐并富有节奏感的装饰效果，带给人们极为强烈的视觉感受，这种建造工艺应该被视作忻州工匠为砖结构斗栱造型做出的独特贡献。

原平市崞阳镇民居影壁

原平市西镇乡民居影壁

原平市西镇乡民居影壁浮雕花板挂落

原平市子干乡民居门楼影壁，门楼一侧设置土地神龛，原拱门已被封堵。

原平市轩岗镇民居土地爷龛影壁局部

忻州代县阳明堡镇民居影壁

原平市大牛店镇民居影壁

原平市大牛店镇民居影壁局部

原平市沿沟乡民居影壁

原平市沿沟乡民居影壁斗拱局部

原平市沿沟乡民居影壁雀替局部

原平市西乡镇民居影壁

原平市西乡镇民居影壁垂花柱局部

原平市西乡镇民居影壁束腰局部

原平市东社镇民居影壁

原平市东社镇民居影壁挂落和高浮雕花板

石质须弥座影壁在民间较为罕见，像下图中的这面满工石雕须弥座影壁更是难得一见的珍品。据说影壁的主人于清朝时在当地为官，所以才有如此讲究的装饰。影壁形制也采用高于民宅的五脊六兽制，即正脊两端前后分别设四条垂脊，每条垂脊末端设兽头，共计五脊六兽（可惜兽头均被损毁）。壁心方砖斜砌，对缝严密，线枋内雕龙花拐子花罩，挂落雕刻为寓意多子的“松鼠盗葡萄”图案，共有13只松鼠围绕在葡萄藤左右，葡萄藤从拐子纹中穿插而出，叶和藤相互遮挡映衬，表现出极强的审美效果。拱间雕刻四幅方形图案，分别为“喜报春光”“有凤来仪”“连年有余”和“孔雀牡丹”。须弥座采用青石雕刻，上枋雕有缠枝宝相花，上下混为仰俯莲瓣，束腰处中间是“二龙戏珠”图案，两侧为“椀花结带”图案，整体纹样为清中晚期风格。无论从哪个方面看，这面影壁都称得上是民间顶级的影壁。

喜报春光

有凤来仪

连年有余

孔雀牡丹

代县石质须弥座民居影壁

原平市沿沟乡民居影壁斗拱挂落局部

原平市沿沟乡民居影壁

原平市阳明堡镇民居影壁局部

代县峪口乡民居影壁局部

忻州忻府区民居影壁局部

繁峙县光峪堡乡民居影壁局部

原平市中阳乡民居影壁局部

原平市阳明堡镇民居影壁局部

原平市西镇乡民居影壁局部

定襄县神山乡镇民居影壁局部

保德县东关镇民居影壁局部

忻州忻府区紫岩乡民居影壁局部

宁武县薛家洼乡民居影壁局部

宁武县怀道乡民居影壁局部

原平市西镇乡民居影壁

原平市西镇乡民居影壁悬挑巨大的出檐

原平市西镇乡民居影壁镂空垂花柱头

原平市西镇乡民居影壁局部

原平市西镇乡民居影壁额枋花板砖雕

原平市西镇乡民居影壁额枋花板砖雕

原平市沿沟乡民居影壁壁心，壁心为“麒麟八宝”装饰。

原平市老城民居影壁壁心，因被近代重新移建，下碱部分已消失不见。

原平市子干乡民居墙面影壁局部

原平市子干乡民居墙面影壁局部

河曲县民居影壁“太师少师”壁心

河曲县民居影壁“狮子滚绣球”壁心

河曲县民居影壁“六合同春”壁心

太原民居影壁“本固枝荣”壁心

山西中部地区民居影壁

山西中部历史上是经济比较发达的地区，明清五六百年间，出自此地的晋商巨贾灿若星河，催生了晋中地区内涵厚重的居宅建筑和园林文化。当地有代表山西民宅最高成就的数座晋商大院，祁县的乔家大院、太谷的常家庄园、灵石的王家大院等都是首屈一指的豪门大宅。在注重外在建筑装饰观念的影响下，院主将各种宏伟精致的建筑雕刻装饰在门廊、影壁、护栏等处，既体现了院主雄厚的经济实力，也体现了院主高雅的艺术品位。

该地区的砖雕，既有在烧制好的青砖上直接雕刻的手法，也有纯粹雕泥再入窑烧造的工艺。后一种工艺通常就是在平整的青砖上附着泥雕刻形，雕出的图案或文字与底砖粘为一体，然后入窑烧制。这种工艺简单有效、经济实用，是该地区主要的工艺手段。

晋中常家庄园民居影壁，壁心为“凤穿牡丹”。

太谷县乔家老宅的联排（看墙）影壁，壁体上原有的凸起文字图形和影壁匾额均已被损毁。

晋中常家庄园影壁，壁心刻有 240 个篆体“寿”字，俗称“百寿图”。

灵石县静升镇王家大院“双狮戏球”影壁

“双狮戏球”壁心

灵石县静升镇王家大院燕翅影壁

燕翅影壁背面右侧壁心

燕翅影壁背面左侧壁心

燕翅影壁背面“麒麟望日”壁心

榆次常家庄园土地神龛影壁，楹联：“三坟五典却是日常家用，四书六经原本济世文章。”匾额：“载德。”

“石敢当”是民间宅院立于外墙并正对街口的一块石头，上刻“泰山石敢当”五字，用以镇挡来自路口直冲过来的“煞气”。“石敢当”三个字的前面加“泰山”两字是取其通地拔天、磅礴高大的气势，使其更显威力。

古代民众相信“气”的存在（“气”也称作“炁”），“气”不是指的空气，而是一种“神秘能量场”。据说它是万物的根本，存在于一切物质当中，对居宅有益的“气”，称作“瑞气”“紫气”“灵气”“正气”，有害的“气”称作“煞气”。“煞气”是对居宅不利因素的统称，比如大门对着的屋角、电线杆、医院、垃圾场、路冲等，都是不利的“煞”。“石敢当”主要是针对“路冲”而设立的，人们认为“煞气”会通过一条笔直的道路直冲宅院，为了防止这种冲扰，人们就在自家宅院正对路口的外墙上立一块刻有“泰山石敢当”的石头，来镇挡“煞气”。有的“石敢当”上还刻有一只虎头，用以增加辟邪挡煞的能量。

比较讲究的大院，“泰山石敢当”的造型更加精美，并镶嵌在影壁的壁心中央。祁县乔家大院和太谷昭馀镇某大院院墙上的“泰山石敢当”影壁，是这一类型的典型代表。

有些地区的“石敢当”设在院内的影壁上，或者设在同一位置的墙面上，正对着自家出入的大门，一般情况下是因为这家院子的大门外正对着一个路口，或者是自家的院门内本身有一条窄直的通道。

祁县昭馀镇民宅外墙“泰山石敢当”影壁

祁县乔家大院外墙“泰山石敢当”影壁

晋中榆次区常家庄园“春景图”影壁

晋中常家庄园杏园内的“四季花墙”系列影壁，是常家庄园的主要景观。影壁共分五面，中间一面“太极八卦”影壁，左右分列“春景图”“夏景图”“秋景图”和“冬景图”四面插屏式影壁。图中以四时花草、虫鸟树木、奇石云月等为题材，并分别在壁心空白处以楷、草、篆、隶四种字体刻写元末明初教育家、诗人翁森的《四时读书乐》劝学诗。图案简洁明确，寓教于乐。

春景图
图中以牡丹、太湖石为主，周围点缀矢车菊、兰叶和蒲草，寓意“富贵长寿”。
春景诗：
山光照槛水绕廊，舞雩归咏春风香。
好鸟枝头亦朋友，落花水面皆文章。
蹉跎莫遣韶光老，人生唯有读书好。
读书之乐乐何如，绿满窗前草不除。

晋中榆次区常家庄园“夏景图”影壁

夏景图
图中以莲花、鹭鸶鸟为主，配有竹叶和翠鸟，寓意“一路连科”。
夏景书：
新竹压檐桑四围，小斋幽敞明朱曦。
昼长吟罢蝉鸣树，夜深烬落萤入帏。
北窗高卧羲皇侣，只因素稔读书趣。
读书之乐乐无穷，瑶琴一曲来熏风。

秋景图

图中以菊花、猫、蝴蝶和山石为主，配有一束萱草，寓意“寿居耄耋”，萱草也有“宜男草”之称。

秋景书：

昨夜庭前叶有声，篱豆花开蟋蟀鸣。
不觉商意满林薄，萧然万籁涵虚清。
近床赖有短檠在，对此读书功更倍。
读书之乐乐陶陶，起弄明月霜天高。

晋中榆次区常家庄园“秋景图”影壁

冬景图

图案由梅花和松树组成，比喻君子有“耐寒傲雪”的品质。

冬景诗：

木落水尽千崖枯，迥然吾亦见真吾。
坐对韦编灯动壁，高歌夜半雪压庐。
地炉茶鼎烹活火，四壁图书中有我。
读书之乐何处寻，数点梅花天地心。

晋中榆次区常家庄园“冬景图”影壁

晋中榆次区常家庄园影壁壁心文字图形

晋中榆次区常家庄园影壁

晋中常家庄园贵和堂正门内穿堂间山墙靠山影壁，壁心图案由 340 块蒙金法烧制的砖雕组成。整体壁心由一种类似方篆的奇特文字和刀币、布币、炉鼎、博古等图案间杂排列而成，但所有字形只是形似汉字，而无法真正对应识别，含义已无从查考。如果抛开内容含义，单从形式上看，也不失精美富丽，在山西传统民居影壁中堪称典范。只欣赏它本身的神秘，就足以令人流连忘返。

影壁匾额上刻有“诒穀”二字，此二字出自《诗经·鲁颂·有駜》“君子有穀，诒孙子，于胥乐兮”一句，意为给子孙留下更多的福泽。壁心两侧仿木雕楹联上刻有“大地灵钟肇启文明承景运，华堂瑞霭宏开富有衍心衢”，内容磅礴大气，华丽祥和。

昔阳县赵壁乡民居影壁

阳曲县民居影壁

昔阳县赵壁乡民居影壁

阳曲县民居影壁

平遥一带的民居，保留着一些建在窑顶上的镂空影壁或花墙，这类影壁大都位于窑顶贴近女儿墙的正中，或是对着远处冲口的位置，其主要作用是挡煞。人们认为，当空中的气流经过镂空影壁时，流速会放缓而变得平和，并且影壁会过滤掉所谓的有害煞气，使整个庭院的上空充满祥和安宁的气氛。

而此类影壁最具科学意味的是，壁心处的镂空设计确实能够分流空气，减少冬季的强劲北风对壁体产生的压力。

另一方面，这样的影壁又以“西高东低”的原则，占据空间高点，以抗衡来自东面邻居的建筑压制。右上图是建在屋顶上的影壁，高高的基座将影壁举到空中，可以看出这种原则在当地有着很深的影响。

平遥现存几十处窑顶影壁。

平遥县古陶镇民居影壁

平遥县古陶镇民居影壁

平遥县古陶镇民居影壁

平遥县古陶镇民居影壁壁心的“吉星高照”

平遥窑顶影壁的正脊中央，或壁心中央设置的神龛，称作吉星龛，也称吉星楼。

吉星指天上猎户座七颗星中位于腰部最亮的三颗星，每到除夕，三星位于正南，即是人们常说的“三星高照”。这三颗星也称作“福禄寿”三星，民谚曰：“天上三吉星，地上福禄寿”，人们希望吉星到来，带给人们好运，同时人们也希望天上所有的过路神灵都能在此歇息，以缓解飞来飘去的旅途劳顿，顺便再眷顾一下屋檐下的一家老小。

总之，吉星神龛的设立反映了人们对美好生活的向往、对好运常伴身边的祈盼。

平遥县古陶镇民居影壁，正脊中央是吉星神龛，壁心上部另设摆放贡品和烧香的龛洞。

平遥县古陶镇民居影壁

平遥县古陶镇民居影壁的吉星神龛

祁县乔家大院“福德祠”影壁，中心是土地神龛。楹联刻有：“职司土府神明远，位列中宫德泽长。”

晋中榆次区民居土地神龛

寿阳县民居土地神龛

晋中榆次区东赵乡民居土地神龛影壁，外侧楹联“笃以培原克勤克俭，信期崇实无诈无虞。”中央土地爷龛两侧楹联：“洪范土恩五行最厚，洁辞地德两仪惟深。”匾额：“中央土”

土地神龛影壁

土地神龛影壁，是中国北方地区的影壁形式之一，晋中南尤为常见。

土地神，民间俗称土地爷，是中国最古老、民间崇拜最普遍的神灵之一。

土地神龛体的设置离不开宅院大门左右，或在进门左侧，或在右侧，或在正对大门的影壁上，因地域风俗的不同设置的位置会稍有差别。土地神龛的样式基本有两种形式。一种是模仿庙宇建筑的造型，这种造型是用青砖模仿木构建筑雕刻垒砌出一个小型一开间庙宇样式。另一种是模仿山石洞府的造型，这种造型是用泥雕手法塑造出的立体山洞样式。最豪华的土地神龛，是将龛体嵌在影壁壁心中央贴近下枋的位置，并围绕龛体塑出辅助装饰，这类神龛影壁规模庞大、装饰丰富，体现了人们对土地神灵的虔诚态度。

祁县乔家大院土地神龛影壁，土地神也称为“福德正神”。楹联：“位中央而赞化育，配三才以大生成。”

寿阳县西洛镇民居土地神龛

寿阳县西洛镇民居土地神龛

文水县北张乡民居土地神龛影壁（龛体已缺失）

祁县乔家大院土地神龛影壁

“土厚物华茂，地灵文运通。”

“品居五位末，位列三才中。”

“职有攸司在戊己，权无他摄唯中央。”

土地神龛楹联

楹联是对联的雅称，是中文独有的文体形式，讲究词意相连、词性严谨、平仄协调。一副好的楹联读起来朗朗上口、妙趣横生，因此它在民间有着持久的生命力。

土地神龛楹联模仿了建筑木刻楹联的形式，与逢年过节时的贴纸对联一样，都是民俗文化的精髓之一。楹联内容以土地的名称、性质和功能为主，感激并歌颂土地神灵化育万物的恩德。以下是笔者采集到的土地神龛楹联：

土地门前坐，保佑全家人。

土中生白玉，地内出黄金。

土厚物华茂，地灵文运通。

土恩深似海，地德厚如山。

土能生百福，地可纳千祥。

土地坐高堂，龙虎降吉祥。

一家籍保障，万姓赖匡扶。

进门土地堂，家有万担粮。

谢地赐福多，感土赏运长。

五行土为重，三才地居中。

品居五位末，位列三才中。

安敦垂易像，通理验黄中。

洪范数居五，诸侯宝列三。

职有攸司在戊己，权无他摄唯中央。

唯五行而司杪位，在三才以配中央。

位中央而赞化育，配三才以大生成。

职司土府神明远，位列中宫德泽长。

洪范土恩五行最厚，洁辞地德两仪惟深。

土府神明赐一方丰稔，中央德泽保四境平安。

位在中央终四时而利百谷，形成广厚贯三才以载群生。

卦占易像三阴首，瑞应河图五数终。

神旺四时从地府，戟光六遂护人间。

静道并乾坤不息，厚德合复载无疆。

"土地堂"

"鉴观"

"福德祠"

"戊己"

土地神龛上的匾额

龛体上的微型匾额，造型有扇形镜框、扇形卷书和长方镜框等形式，所刻内容以"土地堂""土地祠""土府""福德祠"等直接体现名称的内容最为普遍。"戊己""居中央"等一类间接表示土地名称的匾额，在民间也较为流行。右上图中匾额刻"鉴观"二字，出自《后汉书·翟酺传》"心存亡国所以失之，鉴观兴王所以得之"一句在此为"察视"之意。

"土地祠"

"土府"

太谷县侯城乡民居土地神龛影壁，楹联：“位在中央终四时而利百谷，形成广厚贯三才以载群生。”

晋中太谷县小白乡民居土地神龛影壁（龛体已缺失）
楹联："大地灵钟肇启文明之运，华堂瑞霭宏开富有之基。"匾额："乐天真"

晋中榆次区民居土地神龛影壁（龛体已缺失）

土恩深似海，地德厚如山

中国古代，土地神在民间享受着最普遍的祭祀，随着历史的发展，土地神的属性也越来越丰富厚重。

土地神是远古随着人类狩猎和农耕而产生的自然神，当阶级产生以后，土地神也被分成了等级，分属各阶级掌权者祭祀，最高掌权者祭祀的地坛为土地神的总神。这一系列中的各级土地神属性是自然神，主掌风调雨顺、五谷丰登和国泰民安。

道教形成以后，土地神的总神是“后土皇地祇”，形象为女像，在道教中的位置排在玉皇大帝后的第四位，负责掌管阴阳生育、山河大地，与各级土地神有着名分上的上下级关系。这一系统中，土地神的属性是道教的宗教神。

同样在道教体系里，土地神是隶属于阴间地府系统最低的一级神灵，直属上级是城隍神，再上级是阎王神。土地神的职责是保佑风调雨顺和土地所有者的平安；记录其言行，并定期向上级汇报。这一系列中，土地神的属性是道教地府系统的最低一级小神。

在五行体系里，土地神是执掌“中央戊己位”的神灵。

依据《易经》的“地势坤，君子以厚德载物”，土地神又代表着承载万物的“厚德”，在这一层面上，土地神是“德”的化身。

在多层次的属性中，土地神的自然神和道教地府神灵身份最为突出。人们更需要风调雨顺的丰收生活，以及生前的平安和死后的福报。

土地神是最贴近人们生活的神灵，他守护在家宅的大门左右，每天迎送着主人的出行和回归，像家人一样从来不离不弃，每逢祭祀之日，人们不忘献上贡品和赞美之言，并从心里感谢土地神的恩德，正如一副土地神龛楹联上写的：“土恩深似海，地德厚如山。”

中国深厚的土地文化经过长期沉淀，对中国人的性格也有着深远的影响。直到现在，很多地区的人们依然保持着纯朴平和、宽厚诚实的品质，这些都是土地文化带给人们精神层面的影响。

《易经》曰：“天行健，君子以自强不息；地势坤，君子以厚德载物。”大地有好生之德，有承载万物的胸怀，人们常以此为喻，希望成为心胸宽阔、承载厚德的君子。

“厚德载物”和“厚德载福”都是人们以土地的恩德做的形象比喻。

晋中平遥县民居土地神龛

吕梁交城县夏家营镇民居土地神龛影壁（龛体已缺失），楹联：“惟五行而司杪位，在三才以职中央。”匾额：“安贞”

吕梁交城县民居土地神龛影壁（龛体已缺失）

山西临汾、运城晋城地区民居影壁

山西临汾、运城、晋城一带，地处山西南部和东南部，是中华文明的发祥地之一，文化积淀十分厚重，文化遗存也较为完整，再加上明清以来的经济发展带动和促进了当地的文化繁荣，民间建筑及装饰因此也变得更加丰富多彩。

当地的民居建筑，有一种特有的二层楼式格局，院墙高耸宽大，影壁也随之建得挺拔瘦高，其主要样式为插屏式造型，上方设砖雕遮檐与之呼应。有的则在壁心四周分割出连续的花板，每个花板都有独立的图案，整体布局和空间分割更加舒适平衡。

影壁的壁心有不少属于满堂铺构图，制作技法更多采用高浮雕泥雕，较大物体造型内腔为带立筋空心，砖体背面留有气孔，以防烧制时爆裂；较薄物体造型则为实心塑形，这种特有的工艺更容易塑造出细腻生动、饱满立体的形象。

其他影壁造型还有模仿镜式、画轴条屏式等。

晋城高平市神农镇民居影壁，壁心为“丹凤朝阳”。

运城新绛县泽掌镇民居圆插屏式影壁

运城新绛县泽掌镇民居插屏式影壁

运城绛县古绛镇民居影壁，壁心为“鹿衔灵芝”。

“河图”“洛书”影壁

运城市稷山县稷峰镇某村李姓人家，相传在清代靠小生意起家，后做起外贸出口，终成一方巨贾，乡邻称其李百万。李百万发财后在家乡购地置产，建造了一处坚固壮观、密不透风的高墙大院。

李百万庄园原有三座院门，东西两座门头分别刻有“燕翼”和“纳爽”砖雕匾额，中间一座大门已经损毁。三座门对面建造了并排三面靠山影壁，每面之间相距数米，中间一面用空心线刻“福”字，壁心之上枋额框中刻着“阴阳八卦图”，另两面影壁分别面对东西两门，壁心为素面方砖斜砌，壁身上端枋框中分别刻有“河图”“洛书”符号。

李百万庄园现已完全破败，一座大门和院内房屋都被拆卖，只剩下这几面独特的影壁和两座大门基本完整。

大门和影壁之间空间狭窄

“洛书”影壁

“八卦”影壁

“河图”影壁

庄园西侧大门（原门扇已失），砖雕匾额上刻有“纳爽”。

庄园东侧大门，砖雕匾额上刻有“燕翼”。

影壁挂落，图案为“天官赐福”“封侯挂印”“岁寒三友”等综合寓意。

运城闻喜县礼元镇民居影壁，壁心为“鹿鹤同春”。

运城闻喜县礼元镇民居大门和影壁

运城市闻喜县畖底镇某民居影壁，造型为插屏样式，上设砖雕遮檐。壁心雕刻着一只大狮正在和两只小狮戏耍，大狮口衔绣球飘带，一只小狮奋力腾空争抢，另一只小狮则拉拽着飘带的另一头，整个画面极具生动欢乐的气氛。

一只大狮带着一只或两只小狮的图案称为“太师少师图”。太师是封建社会位极人臣的高官，位列三公之首，少师也是历代沿袭的官位，与少傅、少保合称“三孤”。人们借谐音表达父辈和子辈都官居高位、享受荣华的梦想。

此图大狮的造型生动而有张力，表情夸张而又不失度，小狮子活泼好动，充满了生命力。三只狮子都用嘴咬住飘带，其中也有“代代相传”之意。

几腿座上的花板图案，中间四组将传统的四艺“琴棋书画”刻成“琴剑书画”的新式组合，体现了院主人不局限于文人的境界，而是追求文武兼备的人格。

运城闻喜县畖底镇民居影壁，壁心为“太师少师图”。

运城稷山县清河镇民居“耕读渔樵”影壁

临汾乡宁县枣岭乡民居“鹤鸣风竹”廊心

临汾乡宁县枣岭乡民居“喜上眉梢”廊心

运城闻喜县甽底镇民居影壁

运城闻喜县甽底镇民居影壁

临汾曲沃县杨淡乡民居“孔雀牡丹”影壁

运城闻喜县甌底镇民居影壁须弥座“琴棋书画”花板

运城垣曲县华峰乡民居影壁须弥座“瑞兽图”花板

运城闻喜县甌底镇民居影壁几腿式须弥座

运城闻喜县礼元镇民居影壁几腿式须弥座

运城闻喜县甑底镇民居影壁几腿式须弥座

运城闻喜县甑底镇民居影壁几腿式须弥座

运城绛县古绛镇民居影壁“牡丹卷草纹”挂落

运城绛县古绛镇民居影壁“天下太平图”

运城绛县古绛镇民居影壁

长治潞城市民居插屏式影壁，壁心为“中天紫微北极大帝”。

新绛、襄汾一带的民居建筑有不少门头砖雕装饰，形式结构与影壁类似，内容以龙花拐子纹、彝鼎器物和文字为多，装饰风格透着一种华丽高贵的气质。

晋南是《诗经》文化的发源地之一，门头中的“安且吉”和“纯嘏”，都是从《诗经》中摘取的文字。

临汾襄汾县景毛镇民居门头中的“迎旭”，是某户朝东开大门的门头刻字。中国传统讲究将不同方向的门命名为含有相应意义的名称。一般规律为：南门“莱熏”，东门“迎旭”，西门“怡爽”，北门“拱辰”。或者以另一组名称命名：东门“迎旭”，南门“望楚”，西门“古应”，北门“通宝”。

这种命名方式体现了中国建筑格局中对应天象的“天人合一”理念。

运城新绛县泽掌镇民居门头砖雕，中心刻有“五福吉庆”。

临汾襄汾县景毛镇民居门头砖雕，中心刻有“安且吉”。

临汾襄汾县景毛镇民居门头雕刻，中心刻有“迎旭”。

临汾襄汾县南贾镇民居门头雕刻，中心刻有“纯嘏”。

临汾襄汾县西贾乡民居门头雕刻

临汾翼城县南梁镇民居影壁“福禄寿三星在户”壁心

临汾翼城县南梁镇民居燕翅影壁

临汾翼城某民居影壁，为硬山式雁翅造型，仿木结构，中心间五攒斗栱，垂柱间挂落雕有团寿草龙纹，壁心岔角花和基座花板均雕有卷草纹，壁心雕“三星在户”图：左为福星，怀抱幼孙，面容慈祥；右为寿星，以桃喂鹿，笑容可掬；中为禄星，手持如意，文质彬彬。

“三星在户”，出自《诗经·唐风·绸缪》：“绸缪束楚，三星在户。今夕何夕，见此粲者。子兮子兮，如此粲者何！”

三星指天上猎户座的三颗等距离、最明亮的星，它们对应地上的“福禄寿”，因此，民间将“福禄寿”称作三星，“三星高照”也成了人们常用的一句吉祥语。

运城新绛县泽掌镇民居影壁，楹联：“鹊成玉印荣轩冕，鸠化金钩茂桂兰”。

晋城阳城县北留镇郭裕村民居影壁

长治襄垣县城西关民居影壁，壁心为“鲤鱼跃龙门”。

条屏式影壁是模仿国画风格的砖雕构图形式，一般为四屏一组，边缘处雕出边框，上方雕刻模拟挂钩，下方雕刻模拟画轴，如同中堂正墙上悬挂的字画条幅，透着一种清雅纤秀的文人气息。雕刻内容基本围绕“喜上眉梢”“一路连科”“凤穿牡丹”“前程似锦”等主题的组合变化。有些影壁形式是将单纯的四条屏样式直接垒嵌在墙壁上，画屏周围并不做其他装饰。更讲究的条屏式影壁是将四条屏砖雕垒嵌在影壁壁心，这种形式不失为一种生动的组合。

条屏式影壁并不多见，山西晋城一带相对较多。

晋城陵川县西河底镇民居影壁

晋城陵川县西河底镇民居影壁

晋城陵川县西河底镇民居影壁

临汾地区的“钟馗镇宅”影壁

“镇宅福禄”或称“福禄镇宅”，是晋南临汾地区特有而普遍的影壁刻字，壁心多为“钟馗骑狮”。钟馗相传为唐朝初年终南山人，生得豹头环眼、铁面虬髯，然而才华横溢、满腹经纶，平素为人刚直、不惧邪祟，因朝廷奸臣当道，以貌取人，虽写出状元文章，却不得状元之名，钟馗一愤之下，触柱而死。唐明皇夜梦钟馗捉鬼，醒后命画师吴道子绘《钟馗捉鬼图》。吴道子梦有同感，遂一蹴而就，并题“赐福镇宅，唯真钟馗”几个大字。此后民间影壁多用此题材，以避灾祛邪、赐福镇宅。

砖雕钟馗的形象分为两种。一种为骑狮握剑、怒目而视的“武钟馗”，身畔有蝙蝠相随，有着震慑鬼煞、福从天来的寓意。另一种是骑狮执卷或与孩童嬉闹的“文钟馗”，表现钟馗守护家宅安宁，并保科举功名顺利。钟馗在死后被封为“天师”，所以天师也指钟馗。

钟馗和蝙蝠的组合，也有“钟馗引福”“恨福来迟”或“天中辟邪”的名称，其形象和寓意与翼城的钟馗影壁大致相同。明代刘伯温曾为这类影壁写下《镇宅福禄赞》：“桓桓灵魁，万夫之特。诸魔魑魅，惧尔刚烈。问尔之名，窜伏是竭。咒尔之形，化为脓血。驱邪来祥，宅舍安悦。奉祀亏斯，格之来格。”

临汾翼城县隆化镇民居影壁，壁心为“天师执剑骑狮”。

临汾翼城县隆化镇民居影壁，壁心为“天师执剑骑狮”。

临汾翼城县王庄乡民居影壁，仿木结构，一脊两兽，正脊两头微翘，五攒斗栱疏密有序，梁头以雀替相连，正枋下设四根垂柱，壁心边枋雕有“扯不断”连续图案，壁心刻有“天师执卷骑狮”图案，意为保佑举子科考夺魁。画面背景有灵芝寿石、松云圆日，取“芝寿如意，流云瑞日”之意，以祝长寿幸福，吉祥如意。

画面的人物面部和两侧楹联已损毁（楹联内容疑似八仙雕像），院主人曾用泥土封闭整个墙面。数年前被文化探寻者发现，清理干净泥土后始露真容。影壁整体挺拔秀丽，比例匀称，雕刻精美。影壁的另一独特之处在于，壁身砖雕涂有蓝、绿、青、黄、黑五种颜色，增加了画面的观赏性。

临汾翼城县王庄乡民居影壁，壁心为“天师执卷骑狮”。

画面中钟馗正从怀中拿出一枝带有三个圆形果实的水果，比喻科举中的最高成就“连中三元”，两个孩童正高兴地争抢，寓意“登科夺魁”。整体画面欢快活泼，有激励后世努力学习、积极进取的含义。

执剑站立的钟馗是武钟馗的一种，是辟邪纳福、求财祈寿的象征。钟馗四周，上有缭绕祥云、松鹤蝙蝠，下有牡丹宝瓶、山石杂宝。总体以“钟馗引福”为主，配以“平安富贵”“延年益寿”等寓意。

临汾翼城县浇底乡民居影壁，壁心为“登科夺魁”。

临汾翼城县浇底乡民居影壁，壁心为“钟馗引福”。

“钟馗执剑骑狮”是武钟馗中最常见的造型，画面中钟馗怒目而视、威武雄壮，一只蝙蝠从天而降，含有“福从天降”之意，与钟馗组成了“斩邪纳福”的寓意。

在“钟馗执剑骑狮”图的上方，配有“镇宅福禄”四字，以求镇宅化煞、福禄长寿。

临汾翼城县浇底乡民居影壁，壁心为“天师执剑骑狮”。

临汾翼城县浇底乡民居影壁，壁心为“天师执剑骑狮”。

临汾翼城县唐兴镇民居影壁，壁心为“钟馗引福”。

临汾翼城的两面民居影壁，皆为当地典型的三攒斗栱仿木结构样式，壁心内容大体以寿星、鹿、蝙蝠、松树等组成“福禄寿”主题。此类构图偏于传统国画中的人物风景样式，景物结合注重主题突出、疏密平衡。画面中“福禄”含义是以动物形象作为象征，“寿”则以人物形象出现，并占据画面的主要位置。在一些采用人物表现手法的“福禄寿”图案中，寿星的位置最为突出，说明在中国民间文化中，对长寿的渴望比其他愿望更为强烈。

临汾翼城县唐兴镇民居影壁，壁心为“福禄寿”。

临汾翼城县隆化镇民居影壁，壁心为“福禄寿”。

侍郎府影壁局部

侍郎府影壁局部

侍郎府影壁局部

晋城高平市原村乡良户村侍郎府影壁，壁心为“麒麟望日”。

晋城阳城县北留镇民居影壁

晋城阳城县北留镇民居影壁局部

晋城阳城县北留镇民居影壁岔角花

晋城阳城县北留镇民居影壁壁心“孔雀穿牡丹”

晋城高平市原村乡良户村民居影壁

晋城高平市原村乡良户村民居影壁

晋城高平市神农镇民居影壁

晋城高平市南城坊民居影壁

晋城高平市南城坊民居影壁

晋城高平市原村乡良户村民居影壁

晋城高平市原村乡良户村民居影壁

晋城高平市永录乡民居影壁

运城稷山县清河镇民居影壁

晋城高平市神农镇民居影壁

晋城高平市神农镇民居影壁

晋城高平市神农镇民居影壁

晋城泽州县川底乡民居影壁

晋城高平市神农镇民居影壁花板“孔雀牡丹”

晋城高平市神农镇民居影壁花板“松鼠盗葡萄”

晋城高平市神农镇民居影壁

晋城高平市神农镇民居影壁

临汾翼城县北橄乡民居影壁壁心

临汾翼城县唐兴镇民居影壁

运城新绛县泽掌镇民居影壁

临汾翼城县隆化镇民居影壁

临汾翼城县隆化镇民居影壁

陕西民居影壁

陕西省是中华文明的又一个重要发源地，历史上曾是数朝政权中心，地上地下都有大量的文物和建筑遗存，文化积淀十分丰富。因地处黄土高原，陕西民居建筑中有着特有的窑洞式结构，建筑上大量采用青砖和石材。砖雕影壁也有着北方秦地特有的雄浑气质，图案紧密而有序，雕工繁琐而质朴。砖雕题材普遍采用花草树木、神话故事等。

韩城党家村、榆林神木古城是陕西古民居建筑和砖雕影壁比较集中的地区。

榆林神木县民居影壁

榆林绥德县党氏庄园民居影壁

榆林神木古城民居影壁，壁心为“天官赐福”。

榆林神木古城民居影壁，壁心为“状元及第”。

咸阳三原县周家大院影壁，壁心为“一路连科”“因何得偶”“连生贵子”的综合寓意图。

咸阳三原县周家大院影壁，壁心为“凤穿牡丹”。

咸阳三原县周家大院影壁，壁心为“唐尧放象”。

浙江民居影壁

浙江是徽派建筑的起源地之一，徽派建筑又是中国南方古建筑最重要的流派，它的白墙灰瓦给人以清新典雅、宁静安详之感。浙江民居的很多影壁高大素美，壁心宽宏，而砖雕装饰风格又层次丰富、活泼喜庆，这也是南方建筑文化的精神特质。

杭州胡雪岩故居影壁

杭州胡雪岩故居看墙影壁

杭州胡雪岩故居看墙壁心“五世其昌”

云南民居影壁

云南白族民居影壁，主要集中在大理地区。其布局特点是三面为房屋建筑、一面为影壁，俗称“三房一照壁”。

白族影壁具有浓郁的少数民族特色，屋顶飞檐翘角，轻盈灵动。壁心和花板为白灰素面，部分施以彩绘，壁心中央题写文字，有的题一个大大的“福”字，也有的为四字题词，“苍洱毓秀”“风花雪月”这样的成语描写的是大理山水景色。还有的题词是借用成语隐喻主人家的姓氏，如：“清白传家”为扬姓；“琴鹤家声”为赵姓；“百忍家声”为张姓；“青莲遗风”为李姓；“明道家风”为程姓；“渭钓家风”为姜姓；“绛帐家声”为马姓；“濂溪世第”为周姓；“瑞雪三槐”为王姓等。

大理古城民居影壁

大理古城民居影壁

大理古城民居影壁，壁心塑“清白传家”，表明院主人姓“杨”。

大理古城民居影壁

山西临汾翼城县隆化镇民居“福”字影壁

第二节　民间文字影壁

文字类影壁是民间影壁的一部分，本应与各地民居影壁一同展示，但为了更清晰地介绍影壁上的文字内容，特在此单独展示。

汉字自创立以来就被认为是具有神性的文字，方士以汉字占卜解意，民众以汉字祈福去邪、招财纳吉。每逢春节，家家户户张贴对联斗方，上书求福祈祝一类的吉语，更隆重一些的形式则是将文字雕刻在影壁、匾额等处。人们相信，刻写的汉字本身带有灵验的神性。

汉字也是最有观赏性的文字。书法家们将美感和灵气注入字体，使之变得形神摇曳、姿态万千。在人们的日常生活和民居装饰中，汉字充分发挥着积极美好、审美教化的作用。

在民间影壁中，祈福吉语、诤语、古文诗词、格言等都占有相当大的比例，最常见的“福”字影壁，几乎在全国各地都能见到。其他文字内容因地域文化不同而各有特色。比如北京影壁常在壁心刻“迎祥”“戬穀”等文字；山西多地喜用《诗经》内容装饰门头或影壁栱眼板，如“鸢飞鱼跃”“天赐纯嘏”等；山西运城、晋城一带还有不少满堂文字雕刻的影壁，内容包括“朱子治家格言”“醉翁亭记”等。这些文字影壁传播了中华传统文化的思想精神，展现了汉字的形式之美。

祈福文字影壁

“福”字是中国最古老的汉字之一。在甲骨文里“福”字是两手捧着酒坛敬献祭台的会意字，“示”是祭祀神灵的供桌的象形字，“畐”是酒的容器的象形字，因此“福”的本意是以酒敬神，祈求福享。通俗化的“福”代表了人们对快乐健康、吉祥如意的美好向往。人们将“福”字贴于大门上或刻在影壁上，有“祈福”“迎福”和“纳福”之意。

相传从明初开始，“福”字开始在民间广泛流行，影壁由于正对大门，而成为贴“福”和刻“福”最主要的位置，常见的“福”字字体，有的来自当地书法名家，有的取自流传下来的著名书帖拓片，多为圆润饱满形态。其中以五代宋初道学家陈抟书写的“福”字最具特色，这种“福”字的示字旁上的一点化为“勾头”形状，民间取其谐音俗称为“狗头福”，意为将“福”勾到家中。陕西党家村慈禧御赐“福”字，示字头变身为鹤头，是取仙鹤的长寿寓意，合意为“福寿双全”。以鹤头和鹿头组成的“福”字，称为“鹤鹿福”，也有“六合同春”的含义。禾字为龙头的“龙头福”，表征了人们赋予“龙”的吉祥寓意。

陕西韩城党家村慈禧赐“鹤头福”

山西吕梁汾阳阳城乡民居“鹤鹿福”

山西吕梁交城县夏家营镇民居“狗头福”

山西大同浑源县永安镇民居“龙头福”

山西晋中榆次区常家庄园雍和堂的“福”字影壁，两侧楹联为：“敏事慎言耻躬行之不远，省身克己欲寡过而未能。”

辽宁沈阳张学良帅府前的“福”字石雕影壁正面

山西晋中介休市张壁古堡“福”字壁心

中国传统文化中，“福”是人们对美好生活的终极企盼，也是人们必不可少的心理调节剂，即使获得其中一小部分“福气”，也能成为人们对生活感到满足的理由。“福”有五种含义，《尚书·洪范》中对“五福”做了清晰的解释：

一曰“寿”，是命不夭折，福寿绵长； 二曰“富”，是钱财富足，地位尊贵；三曰“康宁”，是身体健康，心灵安宁；四曰“攸好德”，是生性仁善，宽厚宁静；五曰“考终命”，是身无祸病，心无挂怨，安详离世。

获取全部五种福气的人被称为大富大贵之人。有“福”意味着在拥有财富、健康的同时，还不缺少“攸好德”的人格品质，这是中国古人对“福”的深刻理解。

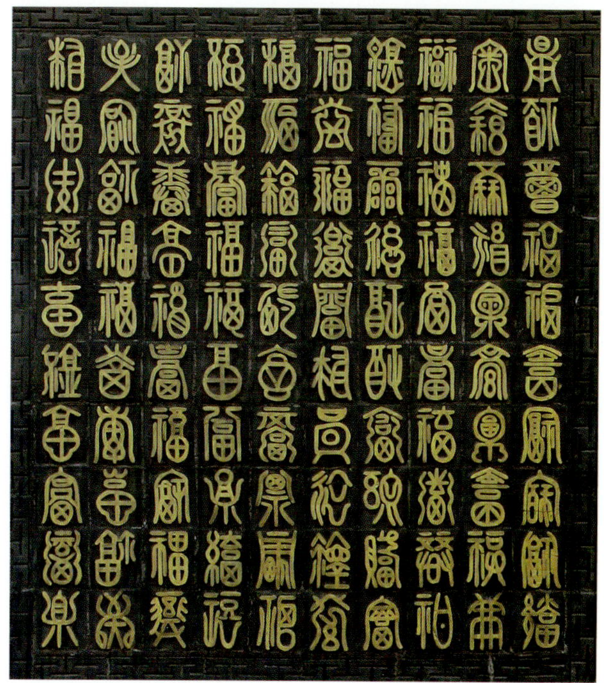

山西晋中祁县乔家堡黑底描金“百福图”

山西运城闻喜县畖底镇民居“福”字影壁

山西忻州河曲县楼子营镇民居“福”字影壁

山西忻州河曲县楼子营镇民居“福”字影壁

雕刻装饰中对五福的表达，常以文字和作为装饰的蝙蝠组合出现，由于“蝠”与“福”谐音，因此蝙蝠装饰被广泛使用。民间大量的“福”字影壁，都有四只蝙蝠环绕四角，合称“五福”，以表示五种福气的含义，民间称这类组合为“五福临门”。

壁心“福”字的周边，除了用蝙蝠装饰以外，还有草龙纹、拐子纹、番草纹等。草龙纹是普遍使用的一种装饰，其起源来自民间对龙的喜好。正统龙的形象一直被皇权和神权所独享，民间不得擅用，但是工匠和画师们发挥聪明才智，创造了一种龙头草身的形象，避开忌讳，满足了人们的心理需求，同时又丰富了民间装饰艺术的形式。

番草纹来自一种生长茂盛的野草，其旺盛的生命力符合人们对健康长寿的追求，也体现了民间重视子嗣昌盛的传统观念。

草龙纹、拐子纹、番草纹的装饰形式可简可繁、可长可短，几乎可以适用于任何图案外形中，是真正的万能装饰纹样。

山西吕梁文水县北张乡民居“福”字影壁

山西大同浑源县下韩乡民居“龙头福”字影壁

海南澄迈县永发镇民居“福”字石砌影壁

吉林龙潭区乌拉古城蒙古文“福”字影壁

山西吕梁文水县南安镇民居“福”字影壁

山西忻州保德县东关镇“福”字影壁，壁心的文字残损严重，但仍依稀可辨中心间刻的“福”字。两侧楹联为：“无暇人生玉界尺，有骨文章潇岸风”。两次间壁心各有四字：“龙潜福地，虎卧财门”。

“福”“寿”并列的文字装饰在各地也有不少，它们主要集中在左右对称的八字影壁或者廊心墙上。本页图中的“寿”字，与“狗头福”的字体一样，都出自北宋道学家陈抟老祖创造的字体。

陕西蒲城县杨虎城将军故居“福寿”壁心，“寿”字为北宋道学家陈抟老祖书写的行草字体。

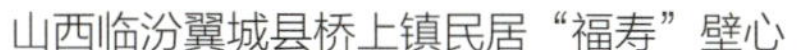

山西临汾翼城县桥上镇民居“福寿”壁心

山西朔州怀仁县何家堡乡民居“福寿”廊心

山西临汾翼城县隆化乡民居“福寿”廊心

山西大同市浑源县永兴社区民居“团寿”影壁

山西运城闻喜县阳隅乡民居“团寿”廊心

山西运城万荣县西村乡民居“团寿”影壁

山西运城稷山县翟店镇民居“福禄寿”影壁

山西晋中榆次区长凝镇民居“五福捧寿”影壁

山西晋中太谷县侯城乡民居影壁九叠篆体“福”字壁心

山西晋中太谷县侯城乡民居影壁九叠篆体“禄”字壁心

海南澄迈县民居影壁叠篆体“福”字

海南澄迈县民居影壁叠篆体“团寿”

山西省晋中市祁县乔家大院“百寿图”影壁，壁心雕有100个各具形态的篆体寿字，由清代名臣祁隽藻所写。两侧楹联为：“损人欲以覆天理，蓄道德而能文章”，表达了朱熹的理学思想。字体为清朝军机大臣左宗棠题写。匾额处刻有“履和”二字，道出乔家信奉和气生财的人生信条。

山西晋中祁县乔家大院“百寿图”影壁

山西省太原市晋源区晋源街西街村某民宅“百寿图”影壁，壁心横竖共计96个各具形态的篆体“寿”字。两侧楹联为：“一门天性之乐祖孙父子兄弟，万世传家之宝礼乐诗书文章”。

山西太原晋源区晋源街民居“百寿图”影壁

民间影壁“福”字壁心集合

民间影壁“福”字壁心集合

吉语文字拱眼板

孝、友、睦、姻、任、恤——出自《周礼·地官》，为儒家提倡的君子六行：孝父母、友兄弟、睦家族、姻内亲、任朋友、恤贫孤。

谦受益——出自《尚书·大禹谟》：“满招损，谦受益，时乃天道。”

岳峙渊渟——出自萧纶《隐居贞白先生陶君碑》：“行仁蹈义，岳峙渊渟。”意思是说人应如山岳屹立，如渊水停滞，不可动摇而坚定沉着。

活泼地——在这里指生机盎然、好风好水的宝地。

泼坔（“坔”是“地”的古体字）——与上图中的“活泼地”同义。

种德储荣——积善修德，以光耀祖先的荣誉。

德臻纯嘏——意为道德越高尚完美，得到的福气越大越多。纯嘏，大福也，出自《诗经 · 小雅 · 宾之初筵》：“锡尔纯嘏，子孙其湛。”

福寿康乐——古人向往的理想的人生状态。

桂秀兰英——比喻子孙后代人人成就非凡。

德为福基——修身先修德，德行是福气的根基。

古典诗文影壁

《朱子治家格言》屏风式影壁局部

《朱子治家格言》屏风式影壁局部

《朱子治家格言》屏风式影壁枋框图案“瓜瓞绵绵”

《朱子治家格言》屏风式影壁

山西省运城市新绛县某民居石刻影壁，采用屏风式造型，将《朱子治家格言》全文雕刻其上，文章以行楷阴刻，字迹工整而细致。枋框处雕有香瓜和蝴蝶组成的连续图案，意为“瓜瓞绵绵”，此喻家族子孙繁盛、连绵不绝。两侧屏风分别雕有仙鹤和梅花鹿，寓意“鹤鹿同春”（六合同春）。影壁之上以木结构做垂花式遮檐和瓦脊屋面，以保护石刻不受雨水侵蚀，同时也是给予影壁更隆重的规格。

院主人平时用玉米秆遮挡壁体，以防不良动机者觊觎，即使有爱好者前来参观，也往往被拒之门外。正是由于院主人的精心守护，才使这件文物完好地保存至今。

《朱子治家格言》是教导人们如何治家做人的名篇，为明万历年间朱用纯所作。内容除有个别字句歧视妇女外，其余大部不失为关于治家做人的经典格言。

文公朱夫子治家格言

黎明即起，洒扫庭除，要内外整洁，既昏便息，关锁门户，必亲自检点。一粥一饭，当思来之不易；半丝半缕，恒念物力维艰。宜未雨而绸缪，毋临渴而掘井。自奉必须俭约，宴客切勿流连。器具质而洁，瓦缶胜金玉；饮食约而精，园蔬愈珍馐。勿营华屋，勿谋良田。三姑六婆，实淫盗之媒；婢美妾娇，非闺房之福。童仆勿用俊美，妻妾切忌艳妆。祖宗虽远，祭祀不可不诚；子孙虽愚，经书不可不读。居身务期质朴，教子要有义方。勿贪意外之财，勿饮过量之酒。与肩挑贸易，毋占便宜；见穷苦亲邻，须加温恤。刻薄成家，理无久享；伦常乖舛，立见消亡。兄弟叔侄，须分多润寡；长幼内外，宜法肃辞严。听妇言，乖骨肉，岂是丈夫；重资财，薄父母，不成人子。嫁女择佳婿，毋索重聘；娶媳求淑女，勿计厚奁。见富贵而生谄容者，最可耻；遇贫穷而作骄态者，贱莫甚。居家戒争讼，讼则终凶；处世戒多言，言多必失。勿恃势力而凌逼孤寡；毋贪口腹而恣杀生禽。乖僻自是，悔误必多；颓惰自甘，家道难成。狎昵恶少，久必受其累；屈志老成，急则可相依。轻听发言，安知非人之谮诉，当忍耐三思；因事相争，焉知非我之不是，须平心暗想。施惠无念，受恩莫忘。凡事当留余地，得意不宜再往。人有喜庆，不可生妒忌心；人有祸患，不可生喜幸心。善欲人见，不是真善，恶恐人知，便是大恶。见色而起淫心，报在妻女；匿怨而用暗箭，祸延子孙。家门和顺，虽饔飧不济，亦有余欢；国课早完，即囊橐无余，自得至乐。读书志在圣贤，非徒科第；为官心存君国，岂计身家。守分安命，顺时听天。为人若此，庶乎近焉。

时道光七年岁次丁亥暑月上浣之吉　后学籍林杨师泉敬录

山西运城新绛县北张镇民居屏风式石雕影壁，壁心刻《朱子治家格言》。

山西晋城陵川县西河底镇民居《醉翁亭记》影壁

环滁皆山也。其西南诸峰，林壑尤美，望之蔚然而深秀者，琅琊也。山行六七里，渐闻水声潺潺而泻出于两峰之间者，酿泉也。峰回路转，有亭翼然临于泉上者，醉翁亭也。作亭者谁？山之僧曰智仙也。名之者谁？太守自谓也。太守与客来饮于此，饮少辄醉，而年又最高，故自号曰“醉翁”也。醉翁之意不在酒，在乎山水之间也。山水之乐，得之心而寓之酒也。若夫日出而林霏开，云归而岩穴暝，晦明变化者，山间之朝暮也。野芳发而幽香，佳木秀而繁阴，风霜高洁，水落而石出者，山间之四时也。朝而往，暮而归，四时之景不同，而乐亦无穷也。至于负者歌于途，行者休于树，前者呼，后者应，伛偻提携，往来而不绝者，滁人游也。临溪而渔，溪深而鱼肥，酿泉为酒，泉香而酒洌，山肴野蔌，杂然而前陈者，太守宴也。（后文省略）

戊子皋月中浣书于凤山书屋
炳南氏

山西晋城高平市米山镇民居《待漏院记》影壁

天道不言而品物亨、岁功成者何谓也？四时之吏，五行之佐，宣其气矣。圣人不言而百姓亲、万邦宁者何谓也？三公论道，六卿分职，张其教矣。是知君逸于上，臣劳于下，法乎天也。古之善相天下者，自皋、夔至房、魏可数也，是不独有其德，亦皆务于勤尔，况夙兴夜寐以事一人，卿大夫犹然，况宰相乎！朝廷自国初因旧制，设宰相待漏院于丹凤门之右，示勤政也。至若北阙向曙，东方未明；相君启行，煌煌火城，相君至止，哕哕銮声。金门未辟，玉漏犹滴。彻盖下车，于焉以息。待漏之际，相君其有思乎？其或兆民未安，思所泰之；四夷未附，思所来之。兵革未息，何以弭之；田畴多芜，何以辟之。贤人在野，我将进之；佞臣立朝，我将斥之。六气不和，灾眚荐至，愿避位以禳之；五刑未措，欺诈日生，请修德以厘之。忧心忡忡，待旦而入，九门既启，四聪甚迩。相君言焉，时君纳焉。皇风于是乎清夷，苍生以之而富庶。若然则总百官、食万钱，非幸也，宜也。其或私仇未复，思所逐之；旧恩未报，思所荣之。子女玉帛，何以致之；车马器玩，何以取之。奸人附势，我将陟之；直士抗言，我将黜之。三时告灾，上有忧色，构巧词以悦之；群吏弄法，君闻怨言，进谄容以媚之。私心慆慆，假寐而坐，九门既开，重瞳屡回。相君言焉，时君惑焉，政柄于是乎隳哉，帝位以之而危矣。若然，则下死狱、投远方，非不幸也，亦宜也。是知一国之政，万人之命，悬于宰相，可不慎欤？复有无毁无誉，旅进旅退，窃位而苟禄，备员而全身者，亦无所取焉。棘寺小吏王禹偁为文，请志院壁，用规于执政者。

岁在辛酉清和月偶书王禹偁《待漏院记》

山西运城万荣县高村乡民居《孔子言录》影壁

子曰：“其身正，不令而行；其身不正，虽令不从。”子曰：“见善如不及，见不善如探汤。”子张问政，子曰：“居之无倦，行之以中。”子曰：“三军可夺帅也，匹夫不可夺志也。”子曰：“仁远乎哉，我欲仁，斯仁至矣。”子曰：“富与贵是人之所欲也，不以其道得之，不处也，贫与贱是人之所恶也，不以其道得之，不去也。”右录圣人论修身从政。

薛效礼敬书

山西晋中祁县乔家大院知足阁内《省分箴》影壁

夕晦昼明，乾动坤静，物秉乎性，人赋于命，贵贱贤遇，寿夭衰盛，谅夫自然，冥数潜定，蒽生数寸，松高百尺，水润火炎，轮曲辕直，或金或锡。或玉或石，荼苦荠甘，乌黔鹭白，性不可易，体不可移。揠苗则悴，续凫乃悲，巢各周穴。泳沓宁驰，竹柏寒茂，桐柳秋衰。阙里泣麟，傅岩肖像，冯衍空归，千秋骤相，健羡勿用，止足可尚，处顺安时，吉禄长昌。

《省分箴》

屠维协洽夏皋月　汉阳邑赵昌燮书

山西临汾曲沃县曲村镇民居影壁

言行拟之古人则德进；功名付之天命则心闲；报应念及子孙则事顺。顾欹器一满即倾，当虑亏从盈处伏，而谦卦六爻皆吉，须知益自损中来；无求于人，寡欲于己，斯可以养德；澹泊明志，清虚毓神，斯可以养志；刻苦而自励，节用少求，斯可以养廉；忍不足于前，留有余于后，斯可以养福。

戊子孟秋
史为式书

山西运城绛县南樊镇民居石雕影壁

父贵慈，子贵孝，兄贵爱，弟贵敬，夫贵和，妇贵柔，事长贵乎礼，交友贵乎信，有德者尊之，不肖者远之，勿以善小而不为，勿以恶小而为之，勿损人而利己，勿妒贤而嫉能，处公无私，治家无私法，不义之财勿取，合义之事则从，诗书不可不学，礼仪不可不知，子孙不可不教，奴仆不可不恤，人能如是，天必相之谨哉。

山西临汾翼城县隆化镇民居廊心

德为福地，德而能积，则德斯厚矣，故曰：广开方便路，留与子孙行。

竹伴

心为良田，心术能端，则田斯良矣，故曰：但存方寸地，留与子孙耕。

松峰

山西临汾翼城县隆化镇民居廊心

志毋虚邪，行必正直。游居有常，必就有德。

柏谷书

颜色整齐，中亲必式。夙兴夜寐，衣带必饬。

柏谷书

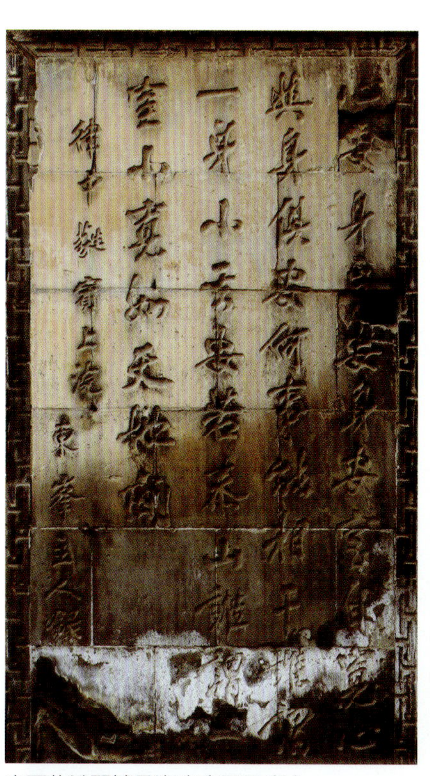

人之为善事，善事义当为。金石犹能动，天地岂可欺。事须安义命，言必道肝脾。莫问身之外，人知与不知。

岁次辛丑吉日
东峰主人录

心安身自安，身安室自宽。心与身俱安，何事能相干。谁谓一身小，其安若泰山。谁谓一室小，宽如天地间。

律中蕤宾上浣
东峰主人录

山西临汾翼城县浇底乡民居廊心

于公治狱大兴驷马之门，窦氏济人高折五枝之桂。

暑月主人录

广积阴功冯商连发三元，多行方便裴度职高一品。

岁次丙午林钟

山西临汾翼城县隆化镇民居廊心

戬穀

山西晋中榆次区民居廊心

严肃

山西临汾翼城县隆化镇民居廊心

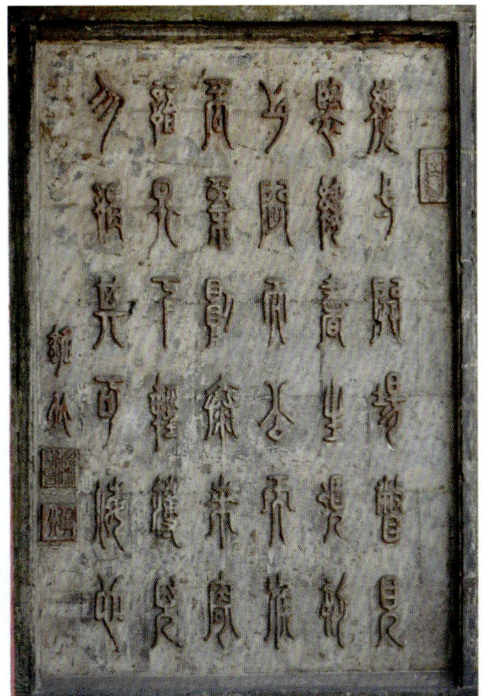
山西临汾翼城县桥上镇民居廊心

才一开场，瞥见褴褛书生，顷刻之间而公而侯，否极则泰来，寄语天下轻薄儿，勿谓其可侮也。

铭竹

试看几出，许多奸雄宰相，隐微之内为机为诈，陷人终害己，遂令眼前千百辈，都知彼亦殆哉。

史琬

山西晋中榆次区张庆乡戏台八字影壁

修身为齐家之本，积善乃获福之根。

乙卯初秋上浣

居家以勤俭为务，处世以谦和为先。

阙里广智书

第三节　庙宇影壁

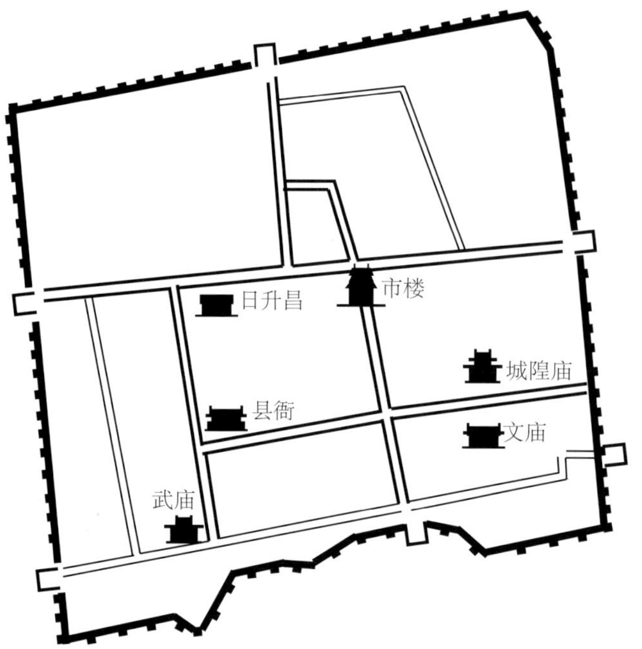

山西平遥古城主要建筑布局图

宗教祭祀和祖先祭祀在中国历朝历代都是头等重要的大事。《左传》曰“国之大事，在祀与戎”，因此中国古代只要有聚居人群就有庙宇建筑，这些庙宇总体数量庞大、分布广泛，此处只能选其一二做简单介绍。

国家层面设立的寺庙，在不同级别的城池中都有严格的布局规定。以正南正北的县级古城为例，县衙作为城市的最高行政机构，居于城市的正中位置，县衙左方设城隍庙和文庙，右方设武庙。文庙供奉孔子，武庙供奉关公，文庙的地位略高于武庙。城隍庙供奉城隍神。自明代始，县级以上城隍神就与相应等级的官员有着对等的地位，因此城隍庙建筑的规模和等级与当地最高衙门平级。

这三种庙宇是传统古城的标准配置。

佛教寺庙建筑受道教文化的影响，其布局结构形式几乎完全中式化，这是佛教作为一种外来宗教，进入中国以后融入本土文化的结果，其雕刻的吉祥图案也是佛教题材和道教题材相混杂的综合体。

寺庙建筑因规模庞大，影壁的体量也远比民居影壁宏伟讲究。如上海松江城隍庙影壁、山西五台山龙泉寺影壁、山西王家大院所在的静升镇文庙影壁等，都是寺庙影壁的经典之作。

文庙影壁

文庙即孔庙，是供奉先师孔子的寺庙。文庙建筑是中国主要的寺庙建筑，一般可归纳为九进、七进、五进、三进院落这几种形式。九进院落是文庙的最高规格，并为山东曲阜孔庙所独享，其余各地文庙皆不能超越其建筑式样。北京孔庙作为皇家祭孔的庙宇，在一定程度上也享有高规格的式样。府、州、县文庙一般按照七间、五间或三间规格设置。

孔子被历代隆重祭祀，反映了国家以“文道”为先的治国理念，同时这也是倡导读书、鼓励进取的象征。全国两千多座县级文庙大部分都是学子们学习、读书的场所，这类文庙也称作学庙。

文庙因规模相对庞大，影壁的设置形式也较为丰富，文庙最前面的主体影壁，大多宽厚高大，有的正面还镌刻着“万仞宫墙”，起着宣示等级和延展空间的作用。府、县级文庙都设有木质或石质的牌楼式棂星门，门与门之间的看墙影壁壁心多为琉璃材质，雕刻龙纹、凤纹一类的图案。规模较大的文庙还设有戟门，戟门两侧的八字影壁也是装饰的重点区域。

先师孔子行教像

北京东城成贤街孔庙前大影壁

山西代县文庙棂星门看墙琉璃龙纹壁心

山西忻州代县文庙棂星门看墙影壁

文庙棂星门匾额

文庙的棂星门影壁

棂星门是指祭祀场所的一道门式建筑，天坛、地坛、社稷坛、皇陵等庙坛建筑和大部分文庙都设有棂星门。

相传汉高祖刘邦命祭天田星，天田星即灵星，凡祭天要先祭灵星。至宋代移用于孔庙。《金陵志》记载："本已尊天者祭孔，又具门形如窗棂，遂改灵星为棂星。"

山西代县文庙棂星门，为三门六柱五楼式，门间看墙影壁的壁心为琉璃龙纹，色彩黄绿相间，尊贵大气。

山西太原文庙棂星门，为三门六柱三门式，门间四组看墙影壁，为蓝色琉璃龙纹图案。

青色或绿色是仅次于皇权所使用的颜色等级，州县级文庙作为重要的祭祀场所，享受相应等级的建筑形制和颜色规格。

山西太原文庙棂星门看墙影壁琉璃龙纹壁心

山西太原文庙棂星门看墙影壁

山西灵石县静升镇文庙影壁

山西灵石县静升镇文庙，紧靠著名的王家大院，始建于元代，后经明清及民国年间多次维修，现存主体据载为元明建筑。

静升镇文庙有一座宏大的“鲤鱼跃龙门”图案影壁，青砖须弥座、琉璃瓦顶，壁心石材雕砌镂空双面透雕。画面中龙门气势雄伟，其中一条龙飞舞在云雾之中，另一条龙则口吐水瀑，形成一条通往龙门的大道，而一条头部已化为龙首的鲤鱼正努力冲向龙门，表明它已接近成功，而其他鲤鱼仍在波涛中奋力游动。

龙门象征着科举考试的大门，学子一旦通过这道大门，就会像鲤鱼化龙一样身价倍增，飞黄腾达。影壁一侧的魁星楼是一座木构塔形建筑，里面供奉着“开文运、点状元”的魁星神位。两组建筑寓意一致，相辅相成。

山西晋中灵石县静升镇文庙影壁

山西晋中灵石县静升镇文庙棂星门

山西晋中灵石县静升镇文庙影壁石雕壁心“鲤鱼跃龙门”

山西大同文庙五龙壁

大同文庙五龙壁建于明末清初，是原大同县文庙前的一座影壁。原庙已经拆毁，这座砖雕五龙壁得以幸存。影壁壁心中间均匀排列着五幅圆形团龙砖雕，图案内容均为姿态各异、翻江倒海的戏珠飞龙。龙壁两端连接的八字墙上各有一幅雕刻精美的砖雕图案，一幅为“鲤鱼跃龙门”，另一幅为“鱼化龙”，后图中鲤鱼的尾身依然是鱼形，而头部已经化作龙首，它的口中吐出一缕云气，升至天空显现出一面“天鼓”，寓意一旦身份改变，即会飞黄腾达、一鸣惊人。

山西大同文庙五龙壁雁翅壁心“一鸣惊人”

山西大同文庙五龙壁雁翅壁心“鲤鱼跃龙门”

山西大同文庙砖雕五龙壁

陕西渭南蒲城县文庙影壁

陕西蒲城文庙的六龙壁

陕西省渭南市蒲城县文庙琉璃影壁，因壁心雕有六条游龙，俗称“六龙壁”。该影壁建于明万历年间，满壁以绿色为主，又被称为“翠屏”。影壁正面为“六龙泳舞”，两旁各竖石坊门一座，额枋处各有石匾一面，分别刻有“文章祖”和“帝王师”，由该县明末书法家、山西巡抚樊东谟题写。

陕西渭南蒲城县文庙影壁壁心正面

陕西渭南蒲城县文庙影壁壁心背面

陕西韩城文庙棂星门影壁壁心

陕西韩城文庙戟门影壁壁心

陕西韩城文庙大影壁

河南南阳府文庙砖陶影壁

河南南阳府文庙影壁

河南南阳府文庙前的双面透雕影壁，影壁中心是三座并排的龛体造型，象征三座龙门，隐喻金榜前三名的状元、榜眼和探花。龙门下方水波中有鲤鱼奋力前游，龙门上方现三条飞龙腾跃于云层之中，这是“鲤鱼跃龙门”的寓意浮雕。另有“入阁拜相”“封侯挂印”等励志性的吉祥图案穿插在画面左右。壁心两侧塑有一副楹联，上联为“化育谁克独参尚跂宫墙瞻美富”，下联为“文明从兹大启会看庠序起风云”。

整个壁心雕刻讲究，颜色呈土红并略带窑烧烟色，是一面有着独特视觉观感的砖陶影壁。

河南南阳府文庙砖陶影壁上的“三龙门”

河南许昌文庙影壁正面

河南许昌文庙影壁背面

山西太原晋祠镇关帝庙看墙壁心

山西晋城沁水县柳氏民居关帝庙

武庙影壁

武庙也称关帝庙或关公庙，关公是汉末三国时期人物，名关羽，字云长，后人尊其为关公。关公是唯一一位被儒、释、道三教封圣的人物。儒家推崇其忠信仁义，封关公为“关帝圣君”；道教宣扬其威武，加封关公为“武圣帝君”；佛家封其为“伽蓝菩萨”。各地都有规模不等的关公庙，“当时义勇倾三国，万古祠堂遍九州 ”就是对关公信仰普及程度的真实写照。商界把关公的诚信精神也奉为经商信条，并将关公奉为“武财神”，尤其是关公故土的山陕商人尤为虔诚。山东聊城山陕会馆、河南社旗山陕会馆、浙江全晋会馆都具有关公庙的性质。

山东聊城山陕会馆，供奉关公，大门两侧的八字影壁上分别雕刻着“精忠贯日”“大义参天”，以歌颂关公的忠义精神。

大义参天

精忠贯日

山东聊城山陕会馆正门

江苏苏州平江路张家巷全晋会馆大门及影壁

全晋会馆右侧影壁

全晋会馆右侧影壁通间枋砖雕

全晋会馆左侧影壁通间枋砖雕

全晋会馆右侧影壁右侧“云龙”壁心

全晋会馆右侧影壁左侧“云龙”壁心

社旗镇山陕会馆大影壁正面壁心局部

大影壁背面壁心中“二龙戏珠”图，中间火珠以蜘蛛作为“珠”的象征，这种表现手法具有独特的地域性。

社旗山陕会馆

社旗山陕会馆位于河南南阳市社旗县社旗镇，原名“山陕同乡会馆”，又名“关公祠”。在清初这里就是交通发达、商人云集之处，当时秦晋两省富商大贾联合集资建造了这座会馆，以通商情并祭神求财。会馆前建有一面大型琉璃影壁，壁高 20 米、宽 13 米，上面遍制琉璃和青砖浮雕。壁体两面饰有精巧剔透的“二龙戏珠”“龙虎争斗”“丹凤朝阳”“鲤鱼跃龙门”“凤穿牡丹”“五龙捧圣”，以及姿态各异的九龙和福、禄、寿等图案。两侧竖写两副对联：“浩气已吞吴并魏，麻光常阴晋与秦”“经壁辉光媲美富，夔墙瞻仰对英灵”，表达了山陕同乡对关公的仰慕追念之情。

河南南阳社旗县社旗镇山陕会馆

大拜殿，是社旗山陕会馆的主体建筑，由大殿和拜殿两部分组成。殿前两侧有两面歇山顶式石雕八字影壁，左侧刻有“十八学士登瀛洲”，图中有杜如晦、房玄龄、于志宇等人不畏艰险，骑马沿崎岖小路登上世人向往的瀛洲。右侧刻有“耕读渔樵”，图中有舟上捕鱼的老翁、山腰担柴的樵夫、田间的农人、读书的学子，画面四周配以山水、树木、飞禽、走兽，形态各异、生动有序。

大拜殿八字影壁“耕读渔樵”

大拜殿八字影壁“十八学士登瀛洲”

社旗镇山陕会馆内大拜殿

山西解州关帝庙琉璃影壁

山西解州关帝庙是全国最大的关帝庙，壁心全部用黄、绿色琉璃制品装饰而成。壁心的中下部雕有海水波涛，波浪上方中间布有“富贵牡丹”，两侧雕有“二龙戏珠”图案，最外侧各雕有一条蟠龙，共四条龙组成了画面的主体，人们也称这面影壁为“四龙壁”。影壁四周雕有象征祥瑞的各种动物、灵兽、神仙和人物，其中动物和灵兽有鸾凤、麒麟、狮、牛、羊、兔、狻猊等，神仙和人物有文臣、武将、官吏、平民、仙伯、侍者、骑马武士、护卫天神等。整座影壁气势宏伟、技艺精湛，是关帝庙中最精彩的一面琉璃艺术品。

壁体下方因年久风化，琉璃釉面表皮脱落，露出了红色的胎体，如果不能得到有效保护，风化现象难免会进一步扩大。

山西运城解州镇关帝庙大影壁

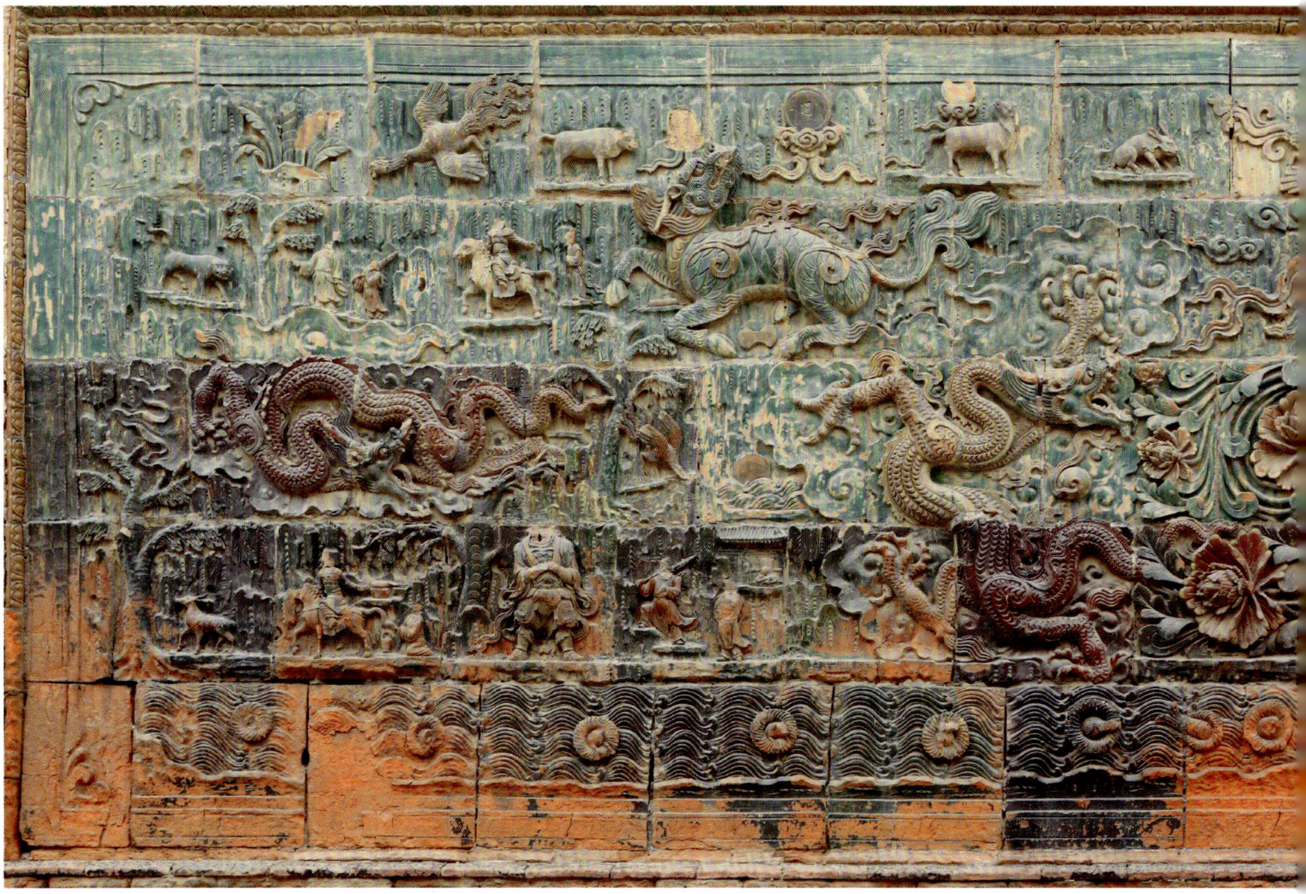

山西运城解州镇关帝庙大影壁琉璃壁心

山西运城关帝庙午门两侧琉璃壁饰“鹿鹤同春”

山西临汾襄汾县汾城镇城隍庙旗杆石刻："分帝乘权彰善瘅恶，代天宣化护国庇民"。

城隍庙建筑影壁

城隍原指有四围高墙的城池和城外的护城壕沟，《说文解字》称："城，以盛民也；隍，城池也。"城墙和壕沟本身起着抵御外敌入侵、保护城中百姓安全的作用，人们将城隍神化，奉为城池的守护神灵。

城隍神的祭祀最早见于周朝，在唐代其演变为冥神，至宋代城隍信仰已在民间非常普及。到了明初，朱元璋推行人神共治天下的理念，下诏大封城隍，将城隍神的级别提高到与各地朝廷官署同级的地位，封京师城隍为"都城隍"，府之城隍为"府城隍"，县之城隍为"县城隍"。

由此，形成了官府行政长官管理阳间、城隍神掌管阴间的无空白点管理体系。而各地行政长官在上任伊始，也必须先到城隍庙报到，并宣誓忠于朝律、爱护百姓、公平执法、廉洁清正。甚至在执政期间，遇有疑难大案，也要到城隍庙大殿与城隍神共审，以示神明鉴照、公正无私。

城隍神的职责本为镇守城池、保障治安、掌管水旱吉凶等，后又增管幽冥鬼事、鉴察善恶、科举功名、因果报应等多种责任，成为几乎全能型的地方保护神。

在道教体系里，城隍神隶属于幽冥界，上受阎王神领导，下管各村各户的土地神，是一个地区的幽冥总神。

城隍庙建筑多以一个群组出现，影壁装饰常以琉璃、青砖等材料混合使用，墙体大都采用青砖垒砌，而壁心、岔角花和正脊多为琉璃烧造。装饰内容以"二龙戏珠""麒麟望日""凤穿牡丹""狻猊食虎"等最为常见。

上海松江城隍庙影壁

上海松江麒麟影壁原为松江府城隍庙的庙前影壁，抗战初期，城隍庙被日本飞机炸毁，麒麟影壁却得以幸存，1978 年迁至方塔园。它是中国保存最完好的明代大型砖雕艺术珍品之一。

影壁采用三段式建筑结构，影壁中心间是以“麒麟望日”为主题的大型砖雕，麒麟的四周点缀着八种吉祥喜庆的民间杂宝，包括元宝、灵芝、如意、双钱、红珊瑚、犀角、宝珠和书画；麒麟身后有象征官位俸禄的双鹿，以及象征长寿的山石松树；树上还有寓意“封侯挂印”的猴子和官印，以及象征“双喜临（鳞）门”的两只喜鹊；麒麟头顶前方有“凤含天书”的凤凰；前面是象征“连升三级”的莲花、笙和戟。整体组合几乎是吉祥美景和吉兆的集中呈现。

影壁的两次间为素作抹灰壁心，壁心内设插屏式青砖线枋框，各配四个花草纹岔角花，左右壁心分别雕嵌“青龙”“白虎”圆形中心花。

上海松江府城隍庙大影壁

上海松江府城隍庙大影壁砖雕壁心

山西榆次老城城隍庙琉璃影壁

山西晋中榆次老城城隍庙乐楼两侧，有一对雕有琉璃獬豸的八字影壁，是城隍庙建筑中的瑰宝。该影壁建于明嘉靖年间，据载为山西寿阳工匠烧造，距今有近 500 年的历史。这两只獬豸的造型丰韵饱满、线条流畅，总体颜色采用黄、绿两色相配，独角和爪牙使用米白色，瞳孔用黑色。

獬豸，是古代传说中的异兽，造型特点为狮身、龙鳞、独角和爪足（京式獬豸造型为蹄足），善辨曲直，见人争斗即以角触无理的一方，甚至会将罪该万死的人用角抵死，令犯法者不寒而栗，因而也称直辨兽、触邪。后世因此将其画入判官的官服之中。直到近代，人们仍将其视为法律与公正的象征。

城隍神是一个地区的保护神，担负着“鉴察司民”的职责。而獬豸的精神象征着城隍爷公正、无私和彰善瘅恶的神格品质。

山西晋中榆次老城城隍庙乐楼左侧八字影壁琉璃壁心

山西晋中榆次老城城隍庙乐楼右侧八字影壁琉璃壁心

山西晋中榆次老城城隍庙乐楼八字影壁

山西晋中榆次老城城隍庙乐楼两侧琉璃影壁

山西晋中榆次老城城隍庙砖雕影壁“二龙戏珠”

陕西韩城城隍庙枝门“青龙”“白虎”影壁

“青龙”“白虎”影壁

中国建筑的方位，传说有四个吉祥神分别守护，南方朱雀、北方玄武、东方青龙、西方白虎，合称“四神”。四神文化源于中国古代的星宿信仰，并根据“天人感应”理念，将其运用于建筑装饰，以感承天意，得天道守护。《三辅黄图·汉宫》曰：“苍龙、白虎、朱雀、玄武，天之四灵，以正四方，王者制宫阙殿阁取法焉。”苍龙即青龙。

四神中的玄武神，宋朝之后称之为真武神，是镇守北方的神灵。明永乐皇帝朱棣登基后自称是真武的化身，于是大力推行倡导，真武神随之跃居“大帝”显位，并被隆重祭祀。河北蔚县地区的真武崇拜尤其盛行，在保留下来的众多古堡中，多数古堡内都建有真武庙。玄武神也成为中国北方地区的主要保护神。

青龙、白虎地位远低于朱雀、玄武，一直被排在门神之列，专门镇守建筑的左、右方位，以挡凶镇邪。在道教神灵中，把守道界山门的“青龙”“白虎”分别称为青龙孟章神君、白虎监兵道君。

在等级的限制下，青龙、白虎的形象不能被普通民宅直接使用，因此民间使用了一种象征手法。在北方乡村，百姓在自家门口左右两边摆放碾子和磨盘，碾子体长代表青龙，磨盘扁圆代表白虎，凑不齐一对儿时，也难免单只摆放。逢年过节，百姓会在上面贴上“青龙大吉”和“白虎大吉”的红纸方，以求邪煞不侵、平安吉祥。

青龙

白虎

山西原平民居大门外石碾子

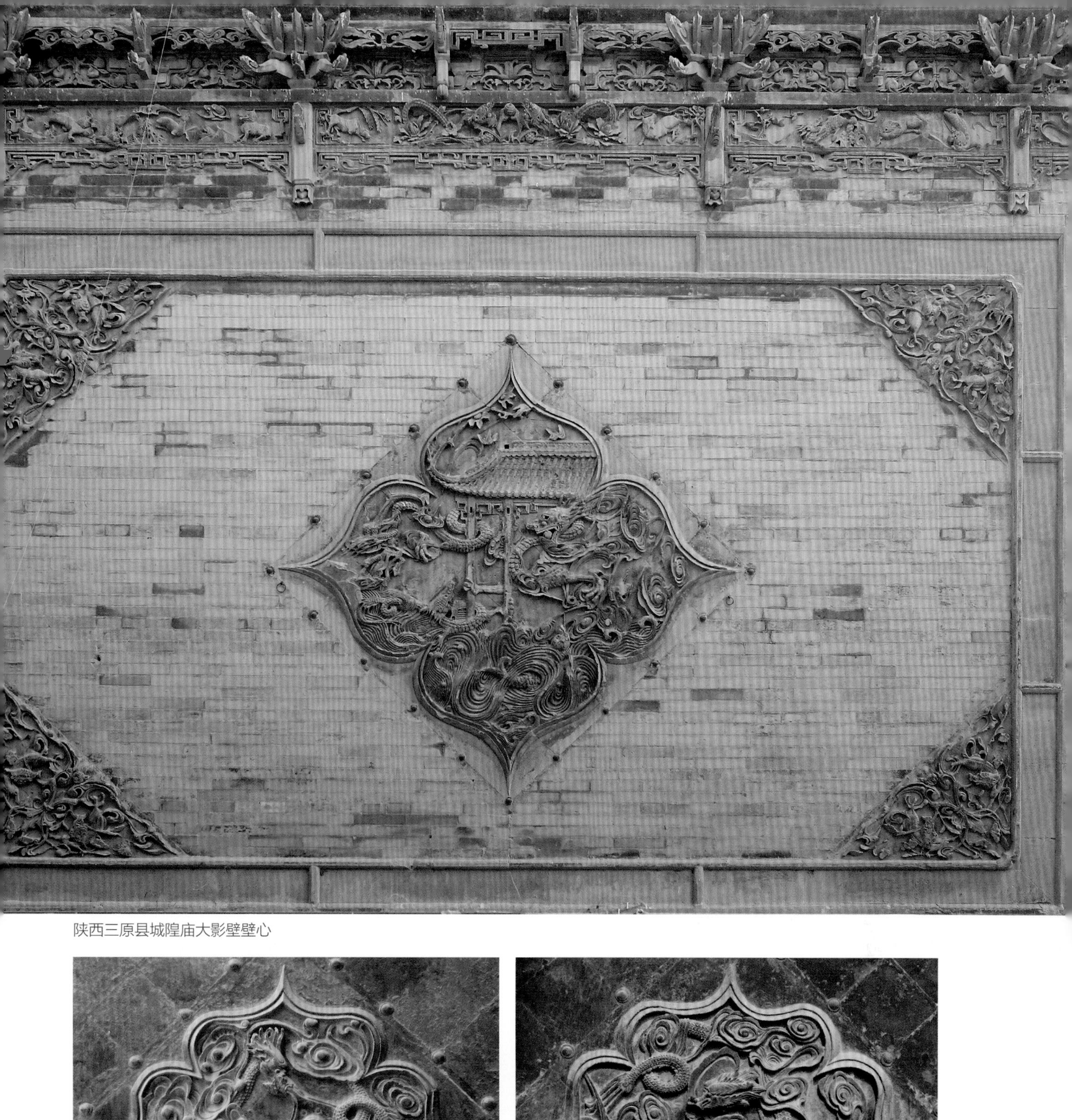

陕西三原县城隍庙大影壁壁心

陕西三原县城隍庙大门八字影壁中心花

影壁上的“狻猊食虎”

右图中三组琉璃壁心，来自陕西韩城城隍庙和文庙内三处不同的影壁或廊心墙，每个壁心题材皆为“狻猊食虎”。

狻猊本是狮子的别称，在佛教中是佛祖的坐骑，于汉代传入我国，被中国文化同化后变为龙生九子之一。传其喜烟好坐，于是就被雕刻在香炉支腿上，或安放在高等级建筑的垂脊神兽行列中。狻猊有着凶猛的本性，《尔雅·释兽》中解释：“狻麑如虦猫，食虎豹。”郭璞 注：“狻猊，狮子，亦食虎豹。”“狻猊食虎”的图形被赋予了祥瑞的含义，虽在影壁装饰中并不多见，但在神兽题材中也有着重要的地位。

陕西韩城东营庙影壁壁心

陕西韩城城隍庙正对影壁一侧壁心

陕西韩城东营庙影壁

陕西韩城城隍庙看墙壁心

山西汾城镇城隍庙影壁

山西汾城镇城隍庙是一座明代建筑。城隍庙大门正对面的影壁由一主两附三面并排组成，主影壁正中为琉璃壁心，壁心图案由于年久风化和人为破坏，已经模糊不清，壁心两侧外部有一副楹联："生了死死了生生死不息，人化物物化人变化无穷"。对生死之大事赋以轻松调侃的味道，倒也别有哲学意味。

山西襄汾县汾城镇城隍庙影壁

汾城镇城隍庙影壁琉璃壁心

福建泉州开元寺麒麟影壁

福建泉州开元寺是一座佛教庙宇，门前的麒麟影壁原本坐落在城北大城隍庙前，20 世纪 70 年代初移迁至开元寺前，本书按其原址，将其归类为城隍庙影壁。

影壁中心间的"麒麟八宝"浮雕，采用琉璃陶镶嵌高浮雕工艺，配以斑斓艳丽的色彩，塑造出鲜明厚重的麒麟形象，两次间砖红色浮雕图案为"鹿鹤同春"和"太平有象"。

福建泉州开元寺麒麟影壁

开元寺麒麟影壁局部

后土庙及其他庙宇影壁

山西介休后土庙三清观影壁，壁心为琉璃“麒麟杂宝”浮雕，是清道光年间的琉璃制品。麒麟四周环绕着吊钱、元宝、方胜、海螺、红珊瑚、如意、双环、犀角、灵芝九样稀世珍宝。麒麟尾后饰有一只蝙蝠，有福临门之意；麒麟头部饰有太阳和云彩，象征光明、永恒和吉祥。

山西介休市后土庙影壁

后土庙影壁壁心“麒麟杂宝”

山西介休市后土庙戏台

山西介休市后土庙戏台左侧八字影壁

山西介休市后土庙八字影壁麒麟壁心（清代）

山西介休市后土庙八字影壁麒麟壁心（明代）

山西介休市后土庙影壁

山西介休市五岳庙影壁

山西介休市五岳庙影壁壁心“麒麟望月”

山西介休市五岳庙影壁琉璃壁心

山西祁县泰山庙影壁

山西翼城县隆化乡寺庙影壁

山西绛县安峪镇民居影壁

五岳真形图

“五岳真形图”影壁

一些道教庙宇山门前影壁刻有五种奇特的符号，道家称为“五岳真形图”。这种符号是道教的符篆，凡修道之士栖隐山谷，须佩戴“五岳真形图”，据说山中鬼魅精灵、虫虎妖怪等一切毒物不能近身，平民百姓将此图刻在墙壁上供奉可以横恶不生、祯祥永集。

五岳，是中国五大名山的总称，指东岳泰山、西岳华山、中岳嵩山、北岳恒山、南岳衡山。有人认为，五岳来源于中国的五行思想以及对山神的崇拜。虽然五岳不是中国最高的山，但由于高耸在平原或盆地上，故在古人眼里格外险峻，加上不少名人雅士的祭祀、修行和到访，留下大量遗迹，大大增添了五岳的名气。道教创立以后，继续将五岳神化，认为五岳是神仙居住之地，把东岳称为蓬玄太空洞天，南岳称为朱陵太虚洞天，西岳称为太极总仙洞天，北岳称为太乙总玄洞天，中岳称为上圣司真洞天。

五岳真形图的图形各有特点，每种形象代表什么至今没有明确定论，还有待高人考证。

不同影壁上的“五岳真形图”图形，相应位置的符号并不一致，从左上图和左下图中可以看出，图标的形状不尽相同，这种随意的混乱现象使得这些图形更加神秘难解。

湖北十堰武当山紫霄宫山门八字影壁中心花

山西右玉县马营河村乐楼砖雕壁心

山西泽州县李寨乡三教堂影壁琉璃壁心

海南澹州中和镇澹州古城洗太夫人庙影壁

海南澹州中和镇澹州古城洗太夫人庙影壁

海南儋州唐宅村明代演清堂石影壁

山西忻州原平市阳武村朱氏石坊牌楼石壁

朱氏石坊两侧八字影壁

朱氏石坊影壁

山西原平市阳武村的朱氏石坊，是晚清中议大夫、陕西延榆绥兵道加盐运使武访畴为其母朱氏所修的节孝牌坊。石坊气势宏伟、雕刻美观，是可以与五台山龙泉寺白玉石坊相媲美的另一精雕巨作。

石坊后有一面石雕影壁，用高浮雕手法雕出“福禄寿三星人物图”，造型高大，与真人接近。其中福星手执红珊瑚，禄星手执如意、寿星手捧仙桃，皆笑容满面、脚踏祥云。“福禄寿三星人物图”也被称为“三星在户图”。

石坊两侧八字影壁壁心分别刻有“双鹤”和“双鹿”，既有“偕老和睦”之意，又有“鹿鹤同春”的合意。

影壁两边的侧壁还刻有一副对联：“茹蘖饮茶数十载鹄歌矢节，丸熊封鲊九重天凤诺扬休”。两八字墙侧面刻有另一副对联：“燕缕凛清操冰霜奇节，鸾书辉彤史闺阁完人”，以赞颂其母的高贵品格和完美节操。

山西原平市阳武村朱氏石坊牌楼全貌

广东陈家祠堂砖雕墙饰

广东省广州市陈家祠堂，以砖雕、陶塑、灰塑、彩绘等工艺著称于世，尤以砖雕最精。其雕刻的戏曲场景、亭榭楼阁造型虽繁腻而有序，场景人物角色众多且层次鲜明有序。它们代表了广东地区砖雕的最高技艺水平，在中国砖雕史上占有重要的一席之地。

广东广州陈家祠堂“刘庆伏良驹”砖雕

广东广州陈家祠堂“梁山泊聚义厅”砖雕

广东广州陈家祠堂“松雀图”砖雕

广东广州陈家祠堂“梧桐柳杏凤凰群图”砖雕

佛教建筑影壁

佛教西汉时自印度传入中国，逐渐在中国扎根并与本土文化相融合，其主要建筑风格日益趋同于中国传统的道教建筑。山西忻州的五台山，是最著名的佛教圣地，也是佛教建筑最为集中的地方。

南山寺、普化寺、龙泉寺、尊胜寺等寺庙影壁，大部分是民国时期兴建和重建的。这一时期的影壁，以青砖砌筑配以石雕壁心为主，不同于其他寺庙常用的琉璃混砖结构，这或许可以看作民国时期对传统风格的改变。其中有几座影壁，以体量庞大、规模宏伟、雕刻精细而闻名，反映了该时期艺术审美趣味的变化和工匠技艺的成熟。

佛教建筑影壁装饰，有的带有明显的宗教特点，最常用的包括“莲花”“宝相花”“八法器”“佛教人物故事”等题材，但无疑本土民间道教题材，仍是大多数佛教影壁装饰的主要内容，它们与佛教图案一道构成了五台山寺庙建筑装饰的独特风貌。

山西忻州五台山南山寺影壁

山西忻州五台山南山寺大影壁全貌

山西忻州五台山南山寺大影壁中心间壁心

南山寺大影壁

五台山南山寺大影壁，是一座单檐五脊悬山顶式建筑，三段式结构。素面石砌须弥座，磨砖壁身，中心间正面镶嵌汉白玉石刻：“当初以来，混元一气。天地回覆，日月光明。分形变化，大道虚空。万赖圣人，性中觉灵。迷悟解决，善德无穷。悬机高钓，老主无生。”落款“愚居士”。

左次间石刻为：“风化神中梦，迷路天作合。”右次间石刻为：“了道心圆地，真光上明天。”

壁身背后正中镶嵌石刻“大方光明”。

山西忻州五台山南山寺大影壁次间壁心

山西忻州五台山普化寺大影壁正面全貌

中心间“福禄寿三星”

普化寺双面大影壁

五台山普化寺，在明代曾为道教的玉皇阁，民国时重建成佛教寺院，寺前的大影壁是一座三段式双面雕影壁，青砖墙身，中心花和岔角花为汉白玉石雕。正中一幅为“福禄寿三星”，右侧石雕为“渭水求贤”，左侧石雕为“天开文运”。石质须弥座，束腰、上枭、下枭、上枋、下枋部分均雕有人物、花卉、古器械等。整体图案雕工精细，是五台山寺庙影壁中的珍品之一。

右次间壁心“渭水求贤”

左次间壁心“天开文运”

次间挂落斗拱

中心间挂落右半部分

中心间挂落左半部分

大影壁中心间大枋和挂落装饰，设计和雕刻极其精美，尤其是挂落设计，在卷草纹的背景中，雕刻着十一尊法像：中间一尊为端坐在莲花台上的释迦牟尼佛，文殊和普贤分立左右，呈双手合十状；另外八尊对称排列在两侧，每尊手捧一件佛家法器，分别为法轮、法螺、宝伞、宝瓶、宝盖、双鱼、莲花和盘长。在佛教圣地的影壁上，塑造成以人物形象托捧的造型，使八法器规格更加隆重。神像的塑造方法采用了先以泥料塑形，再进窑烧制的方法，更突出了形象的立体感和流畅的美感。可惜所有佛像的头部均遭损毁。

普化寺大影壁背面，中心间壁心石雕为“观音、善财、龙女三圣图”，两次间壁心各雕着一条坐龙。大影壁正脊中央塑有砖雕宝瓶，脊饰牡丹大花，整体华丽宏伟。

普化寺大影壁，以体量宏大、双面雕工细密饱满、图案造型精致美观而冠绝五台山。

中心间壁心“观音、善财、龙女三圣图”

右次间壁心“四爪坐龙”

左次间壁心“四爪坐龙”

山西忻州五台山普化寺大影壁背面全貌

岔角花“福运”

岔角花“青莲卷草纹”

中心间壁心“二龙献宝”

右次间壁心“鱼化龙”

山西忻州五台山尊胜寺大影壁

尊胜寺大影壁

五台山尊胜寺大影壁，是少见的五段式影壁，中心间壁心刻有“二龙献宝”，两次间壁心刻有“鱼化龙”，两梢间分刻“紫气”和“东来”四字。整体雕刻精细程度可与普化寺、南山寺、龙泉寺影壁媲美。另外壁身表面由于风雨侵蚀，融进了一层黄土的沁色，使影壁更具温润的质感。

岔角花“菊花卷草纹”

大影壁梢间壁身上部

影壁次间壁身

龙泉寺大影壁

五台山龙泉寺的影壁、牌坊、墓塔是寺中的三件艺术瑰宝，清末至民国兴建。青砖影壁体积硕大，石质须弥座，壁心中间镶嵌一组汉白玉石龛，内容以佛教故事串联，可以看作五台山主要寺庙的微缩示意图（右图）。

影壁的两次间壁心用青砖各雕一条四爪云龙，龙头采用高浮雕嵌接，龙身盘舞，四周为海水云纹，整体图案优美而充满动感。

大影壁汉白玉石龛壁心

山西忻州五台山龙泉寺大影壁

中心间岔角花“龙花纹”

次间岔角花“卷草纹”

次间壁心“云龙纹”

五台山龙泉寺大影壁背面砖饰局部，石雕为“福禄寿三星”

河北宣化五龙壁

宣化砖雕五龙壁，位于张家口教育学院宣化分校校园内，是原弥陀寺的一部分。明宣宗登上帝位时，宣府知府与弥陀寺住持为表忠心，特修建五龙壁。

五龙壁通高 5 米、宽 4.15 米，壁心雕刻着五条翻腾于云海之中的龙，一龙居中、四龙环绕，背景遍布祥云海水。额枋挂落更有花卉什物等吉祥图案，与五龙壁心交相辉映，彰显其宏伟壮观的震撼效果。

河北宣化五龙壁

河北宣化五龙壁壁心

大同、正定佛寺龙壁

山西大同因龙壁众多，而被称为“龙壁之乡”，除九龙壁外，据说还有一座七龙壁已被拆毁，无从查考。现存的还有观音堂前的琉璃三龙壁、兴国寺前的琉璃五龙壁，都是明代遗存。到清代时尊孔之风盛行，遂建县文庙，庙前建砖雕五龙壁。其余有龙的影壁还有数座，可见“龙壁之乡”名副其实。

河北正定隆兴寺正对天王殿的双龙影壁，是隆兴寺“九绝”之一。影壁壁体为帝王红抹面，壁心为绿色琉璃“二龙戏珠”图案，红和绿相互衬托，给人以肃穆高贵之感。

山西大同善化寺五龙壁

山西大同观音堂三龙壁

河北正定县隆兴寺影壁“二龙戏珠”中心花

先师庙古戏台影壁

山西省晋中市平遥县卜宜乡东卜宜村先师庙，供奉的是唐懿宗的皇四子李侃。在动荡的时代，李侃身居官位却无心政务，终出家为僧，身后被加封为先师菩萨。庙宇据载为元代所建，其中有一座青砖影壁坐落在庙内古戏台后面，影壁正面朝外，面对台坡下的一道沟地，以守护古戏台的身后不被沟地的气流冲扰。该影壁造型厚重，壁心并排有三组雕刻，中间一组为“麒麟凤凰”，寓意天下太平，两边各有一组“龙盘富贵”，须弥座上雕有虎、狮、奔马、兽身人面像等，以祥瑞形象护佑庙宇的平安吉祥。

砖雕壁心“麒麟凤凰”和“龙盘富贵”

山西平遥县宜卜乡先师庙砖雕影壁

北京元代石影壁

北京北海公园的石影壁（俗称“铁影壁”），据载为元代北京健德门的一座庙前石壁，明永乐年间，北京城格局整体南移，元大都北城墙被拆，“铁影壁”移至德胜门内护国德胜庵门前。20 世纪 40 年代，一些国际文物贩子觊觎“铁影壁”，强买不成转而盗抢，但在庵内住持等人的拼死保护下得以保全。可惜因护宝心切，影壁上的两只脊兽不慎被打碎，但住持坚定的态度终使“铁影壁”免遭流失的命运。

建筑专家梁思成也为保护该影壁积极奔走，他写信给北平文物管理委员会，力陈“铁影壁”的价值和保护的必要，终于使国民政府出面，将“铁影壁”移至北海公园五龙亭东侧，成为一处重要的文物景点。

“铁影壁”本身不是铁质，而是一块由中性火山岩雕刻而成的独立影壁，本质是石影壁。因颜色呈深赭色，色泽像铁而被称作“铁影壁”。影壁的一面雕有一大三小共四只狮子，大狮子伏卧在地，温情地回望着活泼好动的小狮子。每一只狮子的脖子上都系有铃铛，大狮子的身前有一只绣球，前腿下还有一个四季如意结。四只狮子与四季如意结组成“四时如意”的吉祥寓意（“狮”与“时”谐音）。影壁的另一面雕有一只回首眺望的俯卧麒麟，与松树组成“麒麟卧松”吉祥长寿图，又因身后的松树上落着两只喜鹊，与麒麟又组成“双喜临门”的寓意（两只喜鹊代表双喜，麒麟的“麟”与“临”同音）。

“铁影壁”整体造型生动舒展、雕刻古朴苍劲，是元代石雕影壁的经典之作。

梁思成先生致北平文物管理委员会信函

迳复者：顷接四月七日

大函，并关于德胜门庵住持呈请将铁影壁送还原处各件。查该影壁为元代遗物，雕刻精美，为北平重要文物，理应归国家保护。铁影壁胡同狭隘异常，该影壁横亘胡同中，车马往来，时有撞损之虞，街巷顽童，常加涂画敲击。且壁在寺外，与寺内香火无关。原则上文物虽应就原处保存，但事实上该寺住持未能尽其保护之责。若由本会就地整理，如加设栏楯等，则胡同狭隘，势所不许。且该胡同地处偏僻，使该影壁埋没一隅，未能使市民共赏。今本会议决移立北海快雪堂前，既可免再受损毁且可供市民观赏，为影壁本身计，实为至当。本会保护文物之义，似应对该住持婉为解释。惟本会办事人员前往搬运时，竟以强硬手段出之，实属鲁莽。今后如有类似情事，理应呈会慎重审核处理。

谨抒管见，敬祈
主任委员卓裁。此覆
北平文物整理委员会
原件附还
梁思成　启　卅七年四月十二日

马衡批示：据呈政院并复市存衡

铁影壁胡同原址旧照

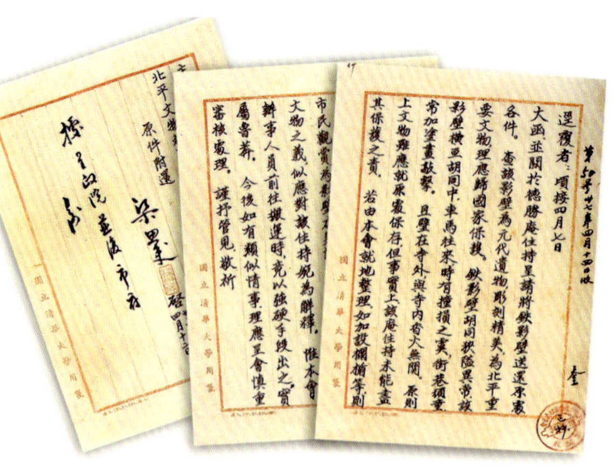

梁思成先生的信函影印件

北京西城区北海公园石影壁，俗称“铁影壁”，正面壁心雕刻“四时如意”。

“铁影壁”背面壁心雕刻“麒麟卧松”，或称“双喜临门”。

北京香山碧云寺石雕牌坊影壁

北京香山碧云寺石雕牌坊影壁，原属陵寝建筑的一部分，建筑的形制级别之高、雕刻的艺术水平之精，在全国也十分罕见。

碧云寺位于香山北侧聚宝山东麓，始建于元代。明朝太监于径和魏忠贤先后在此大兴土木，为自己修建坟墓，可惜无福享用。后转营建为佛寺，供奉佛祖释迦牟尼。

碧云寺中轴线上有座四柱三间三楼冲天柱式汉白玉石牌坊，据载是魏忠贤当权时为自己的坟墓所建的。整体石牌坊雕刻细腻，内容丰富，是我国古代文化底蕴极其深厚的石雕牌坊之一。石牌坊两侧各连接了两块石雕屏壁，内侧两块屏壁的正面雕刻着八位象征着忠、孝、廉、节品格的古人，分别是：狄仁杰（为孝）、文天祥（为忠）、赵抃（为廉）、谢玄（为节）、陶渊明（为廉）、诸葛亮（为忠）、李密（为孝）、蔺相如（为节）。

这两块屏壁的背面，各雕有一组狮子，一侧的公狮脚踩绣球，另一侧的母狮抚弄幼狮，但它们的鬃毛下垂，面露忧伤，表情哀婉。这是坟区特有的狮子形象和表情，以营造肃穆的气氛。相似表情的狮子造型在其他陵区的石雕上也有出现。

外侧屏壁的正面刻有“麒麟卧松”，麒麟的姿态自然而生动，背后有松柏祥云、山石宝物，构图虽满但不拥挤。屏壁的背面雕有“八仙过海”，分两组刻于左右，造型祥和圆润，是典型的明代风格。

北京海淀区碧云寺石雕牌坊。

右屏壁石雕人物：狄仁杰、文天祥、赵扦、谢玄

左屏壁石雕人物：陶渊明、诸葛亮、李密、蔺相如

屏壁背面“太师少师”石雕

屏壁一侧“麒麟卧松”石雕

浙江天台县天台山圆清寺影壁

浙江天台县天台山圆清寺影壁

江苏苏州姑苏区寒山寺影壁

北京海淀区大钟寺山门的一封书撇山影壁

北京海淀区大钟寺山门的一封书撇山影壁砖雕壁心“缠枝宝相花”

北京朝阳区西黄寺山门的一封书撇山影壁

北京朝阳区西黄寺山门的一封书撇山影壁琉璃壁心“法轮广照”

清真建筑影壁

清真建筑为伊斯兰教所独有，是回族、维吾尔族、撒拉等民族的建筑形式。他们的主要寺庙依然保持着伊斯兰建筑的原貌，但以回族为主的清真建筑在历史的发展中，已高度融合了汉族的建筑形式，陕西、青海、甘肃、宁夏等地即是这一类建筑的集中地区。它们在装饰风格上也保留了原有民族特点，成为我国多元文化中影响较广、地域性极强的一支建筑装饰力量。

陕西西安大清真寺影壁

陕西西安大清真寺小影壁，壁心为“凤穿牡丹”。

陕西西安大清真寺小影壁，壁心为“一路连科”。

陕西西安大清真寺影壁

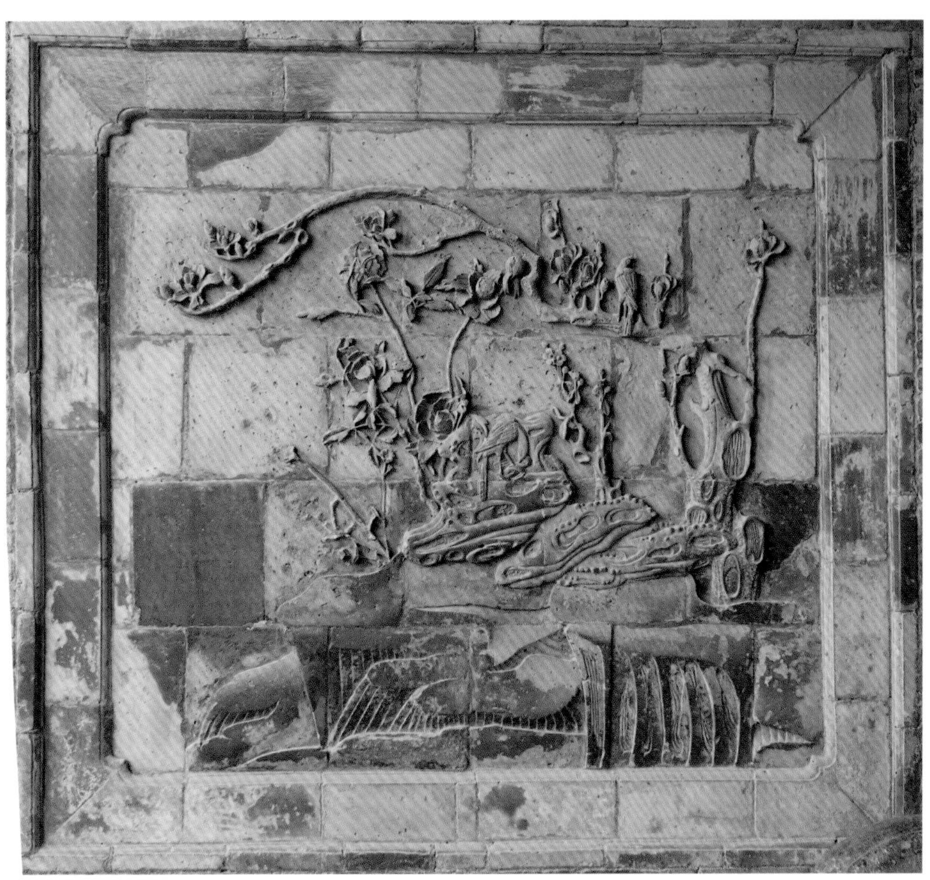
陕西西安大清真寺廊心墙壁心

陕西西安大清真寺廊心墙壁心

陕西西安大清真寺廊心墙壁心

陕西西安大清真寺廊心墙壁心

陕西西安关中民俗博物馆藏品

陕西西安大清真寺影壁

陕西西安大清真寺影壁

陕西西安关中民俗博物馆藏品

陕西西安慈恩寺影壁

陕西西安慈恩寺影壁

甘肃临夏马步青宅邸（东公馆）过庭影壁，壁心为“江山图”。
两侧仿挂板楹联：“气度雍容开祀业宏基巍然簪缨门第，节麾焜耀备严疆重寄允矣磊落雄才”。

青海西宁马步芳公馆影壁中心花

青海西宁马步芳公馆影壁中心花

甘肃临夏马步青宅邸（东公馆）廊心墙壁心

甘肃临夏马步青宅邸（东公馆）廊心墙壁心

甘肃临夏马步青宅邸影壁

甘肃临夏大拱北影壁壁心

甘肃临夏马步青宅邸（东公馆）影壁

甘肃临夏马步青宅邸（东公馆）影壁

甘肃临夏大拱北红园影壁

甘肃临夏大拱北红园影壁

宁夏回族自治区同心县同心清真大寺影壁

宁夏回族自治区同心县同心清真寺内影壁壁心

宁夏回族自治区同心县同心清真寺内影壁壁心

宁夏回族自治区同心县同心清真大寺左廊心墙

宁夏回族自治区同心县同心清真大寺右廊心墙

同心清真寺廊心墙的博古架之一

同心清真寺廊心墙的博古架之一

北京故宫九龙壁

北京北海九龙壁

山西大同九龙壁

第四节　皇家影壁

九龙壁

中国三大九龙壁，分别坐落在北京故宫内、北京北海公园内和山西大同市内。它们是皇家琉璃艺术的登峰造极之作，是中国封建社会最高等级的影壁形式。

每座影壁的正面壁身都雕有九条龙，中间为黄色坐龙，无论从左数还是从右数，都位居第五。“九”是阳数中最大的数，“五”是阳数中居中的数，“九”为“至高至尊”，“五”为“至中至正”。“九五”之数也就成了皇权独享的数字，因此皇帝也被称作“九五至尊”。

故宫九龙壁，为故宫宁寿宫皇极门正对的单面琉璃影壁。壁体长 29.4 米、高 3.50 米、厚 0.45 米，建于清乾隆年间。与正对的皇

北京故宫宁寿宫皇极门正对的九龙壁壁心

北京北海公园内原大圆镜智宝殿前九龙壁壁心

山西大同代王府门前琉璃九龙壁壁心

极门、东西两面的钦喜门、锡庆门构成该宫殿建筑群大门前的广场，既彰显了皇家的尊贵气势，又增加了建筑空间的艺术美感。

北海九龙壁，是一座双面各雕有九条龙的大型皇家琉璃独立影壁。本为大圆镜智宝殿建筑群前影壁，原建筑群在八国联军入侵时被烧毁，九龙壁得以幸存。壁体长 25.52 米、高 5.96 米、厚 1.6 米，建于乾隆年间。

大同九龙壁，位于山西省大同市城区阳和街，建于明代洪武末年，是明太祖朱元璋第十三子朱桂代王府前的琉璃影壁，距今已有六百多年的历史。壁体长 45.5 米、高 8 米、厚 2.02 米。它是中国三座九龙壁中最大的一座。在 1954 年它的位置被南移了 28 米。代王朱桂本为太子，后因骄横顽劣被废，并被发配到大同为藩王。九龙壁本应专属帝王使用，但朱桂作为藩王不顾礼制，逾制建造了这座体量最大的九龙壁，不过他也不敢使用帝王专用的五爪龙，而使用了低一级的四爪龙。但无论如何，大同九龙壁确实是一座恢宏的影壁建筑精品。

北京北海公园琉璃九龙壁局部

北京北海公园琉璃九龙壁局部

山西大同琉璃九龙壁局部

山西大同琉璃九龙壁局部

北京故宫影壁

北京故宫琉璃影壁

故宫乾清门是乾清宫的正门，面阔五开间，单层歇山顶，撇山影壁连接宫门两侧呈虎踞环抱之势，进一步烘托出大门主体建筑的宏伟壮丽。影壁壁身为砖筑，墙体表面抹灰，涂帝王红色，壁心和岔角花为黄色琉璃宝相花配绿色缠枝，须弥座及壁顶皆采用黄色琉璃材质，壁顶用庑殿式。

影壁中心花和岔角花的缠枝宝相花琉璃图案，造型饱满流畅、精美华丽，是皇家琉璃中最具代表性的装饰作品。

北京故宫乾清门一封书撇山影壁

须弥座束腰“椀花结带”图案

须弥座束腰“一束莲”图案

莲花、茨菰、红蓼、香蒲等植物扎在一起的“一束莲”

“缠枝宝相花”图案

“缠枝宝相花”图案

北京故宫遵义门琉璃影壁

故宫的琉璃影壁有着鲜明的特点，代表帝王的黄色和红色为使用最多的基调，图案颜色中配以绿、白色并点缀一些黑色，这是皇家影壁装饰相对固定的搭配。影壁样式最大特点是壁顶基本采用高等级的庑殿式，以体现皇家的尊贵。装饰内容也根据不同的建筑功能而有所不同：宫门影壁壁心主要装饰“缠枝宝相花”或“云龙江崖”等图案；寝宫则装饰“二龙戏珠”或“鸳鸯卧莲”等图案；皇帝修道场所如钦安殿，其天一门装饰“云鹤”图案，以体现皇帝渴望修道成仙的愿望。

北京故宫遵义门琉璃影壁侧面“鸳鸯卧莲”

北京故宫遵义门琉璃壁心“鸳鸯卧莲”

北京故宫太极殿正对琉璃影壁

北京故宫太极殿琉璃壁心“二龙戏珠”

北京故宫重华门看墙影壁

北京故宫重华门琉璃壁心“云龙江崖”

北京故宫天一门琉璃影壁

北京故宫天一门琉璃壁心“云鹤”

北京故宫太和殿掖门看墙装饰

北京故宫太和殿掖门看墙壁心“宝相花纹”

北京故宫木质影壁

木影壁是影壁家族中较为罕缺的一种形式。因怕潮怕雨，无法在室外长久保存，所以遗存极少，但在一些大户人家中，也不乏设在室内的插屏式和屏风式木影壁。北京故宫内还保留了几座室外木影壁，这得益于宫内良好的保存条件。一些木影壁建成可开启的屏门形式，平时关闭作为院落的遮挡，遇有重要活动或重要人物出入时，即开启屏门迎接以示隆重。

木影壁的两侧下方设有固定的石枕，一方面以石质的重量承托较轻的木影壁主体，起着固定和压重的作用；另一方面也为木影壁隔绝了地面潮气，保护其长久耐用。一些木影壁的顶部瓦作，在清代末期以后采用较轻的瓦楞铁皮代替琉璃和青瓦，以减轻木质影壁的承载负荷。

北京故宫永和宫内木影壁

北京故宫承乾宫内木影壁

北京故宫太极殿启祥门内木影壁

北京故宫石质影壁

石雕影壁是影壁家族中的稀有品种，它的存世量并不多。保留下来的大都集中在皇家宫苑、寺庙和一些高等级的陵区内，有的民间大户人家内也可见到一些石雕影壁。北京故宫内的插屏式石影壁、湖北襄阳王府门前绿影壁、北京北海公园内的铁影壁、北京香山碧云寺中的汉白玉石牌楼两侧的影壁、沈阳张学良府前的插屏式石影壁等，都是石影壁的典型代表。

造型奇特的堆石，也在中式庭院和园林中起着影壁的作用。

北京故宫堆石（影壁）

北京故宫景仁宫插屏式石影壁

襄王府石质影壁

襄王府位于湖北省襄阳城东南隅，是明宣王朱瞻基的亲兄弟襄宪王朱瞻墡的王府，距今已有五百多年的历史。明崇祯十四年王府毁于兵乱，而门前大影壁得以幸存。大影壁是一座由青绿色和白色石料雕砌的大型艺术品，结构为三段式庑殿顶样式，因主体为青绿色，被人们俗称为“绿影壁”。影壁中心间雕有“二龙戏珠”图案，可惜“龙珠”早已缺失。两次间雕有“出水蛟龙”图案。三组图案镶白色石料边枋，边枋雕有共计 64 条姿态各异的小游龙衬托壁心，鲜明而又和谐。影壁的总体风格气势非凡、庄重雄伟，是中国现存最正统的王府级别影壁。与同样是王府影壁的大同九龙壁相比，襄王府影壁为恪守臣道之作而无逾制之嫌。

湖北襄阳城襄王府大影壁背侧面

湖北襄阳城襄王府大影壁正面

襄王府影壁中心间石雕“二龙戏珠”

左次间影壁石雕“出水蛟龙”

右次间影壁石雕“出水蛟龙”

园林影壁

园林影壁以青砖材质居多。北京颐和园仁寿门两侧的看墙影壁和香山碧云寺罗汉堂前影壁，都是具有皇家特点的北京样式影壁。壁顶采用庑殿顶式或歇山顶式，次要位置的影壁有的采用悬山顶式，壁心雕刻以皇家特有的正统龙形象作为主要装饰，体现了皇权至上的理念。

北京香山碧云寺罗汉堂影壁壁心

北京香山碧云寺罗汉堂影壁

北京香山碧云寺看墙影壁壁心“苍龙教子”

碧云寺看墙影壁

碧云寺影壁岔角花“云龙”

颐和园仁寿门看墙影壁是皇家园林中青砖影壁的精品。壁体双面雕刻，四坡庑殿顶，戗脊加走兽，壁身砖柱加马蹄桑，不设撞头，束腰处为卷草纹饰，壁心方砖斜砌，采用高浮雕龙纹岔角花，中心花为“苍龙教子”（或称“带子上朝”）图案。整体造型舒展、雕刻精美，是京式影壁的杰作。

北京颐和园仁寿门看墙影壁

颐和园仁寿门壁心“苍龙教子”

皇家陵寝影壁

位于河北易县的昌西陵是清嘉庆皇帝和孝和睿皇后的陵寝，因此，琉璃影壁正面的图案是代表皇权的五爪行龙图，背面则是象征女性品格的鸳鸯莲花纹样。

昌西陵影壁壁心“行龙戏珠”

昌西陵影壁壁心“鸳鸯卧莲”

河北易县清昌西陵棂星门影壁

慕陵影壁壁心“鸳鸯卧莲”

河北易县清泰陵影壁

清泰陵影壁壁心“鸳鸯卧莲”

第三章　中华传统吉祥图案

第一节　中国传统吉祥图案的历史发展

中国传统吉祥图案是中华文明极为重要的艺术宝库，它以中国特有的文化语言，表达出人们的思想和理念。它是我们祖先智慧的结晶，是整个民族都能领会、理解和驾驭的图形语言。

中国传统吉祥图案，最初产生于人们的劳动、宗教和艺术活动。从发现的一些远古器物装饰和佩戴饰品上，可以证明原始社会的人们已经创造出一些简单的吉祥图案和吉祥物造型，比如三四千年前红山文化的猪龙、龟兽等形象，五千年以前仰韶文化中陶器上的鱼纹等。而真正意义上的并有相对固定寓意的吉祥图案，大约出现于商周时期，至宋代已被广泛使用，而明清则是吉祥图案文化最繁盛的时期，它渗透在人们生活的各个角落，几乎成为人们生活中不可或缺的部分。

吉祥图案之所以深受人们喜爱，是因为它有一个重要的特点，就是“有图必有意，有意必吉祥”。没有一种图案不被赋予一种含义，也没有一种含义是贬义或不吉祥的，这反映了人们追求快乐、远离烦恼的意识和本性，是中国文化健康向上、积极美好的内在精神体现。

吉祥图案采用以“形”表“意”的形式，是将自身的主观愿望与客观需求形象化、艺术化的结果。它根据图案物体的特性，以象征、会意、谐音、比喻、比拟、表号等手法，准确而诙谐地表达风趣盎然、令人赏心悦目的各种意义：

（1）象征法是借助特定的事物，通过联想，寄托主观的意识。比如盛开的牡丹花因形状雍容高贵，而被用来象征富贵；莲花因出淤泥而不染的特性而象征君子品格的高洁等。

（2）会意法是用两个或两个以上的独立形象，根据意义之间的关系合成一个新的形象，综合表示这种构成的意义，比如双喜、鹤头福、龙头福等。

（3）谐音法是利用事物的读音与吉祥用字的发音相近或相同，来表达吉祥的含义，比如蝙蝠的“蝠”与“福”同音，“蜂”“猴”与“封侯”同音等，以谐音为主的吉祥图案是整个吉祥寓意的主要表现手法之一。

（4）比喻法是直接借用比喻的事物来代替被比喻的事物。比如用松鹤比喻长寿、鸳鸯比喻夫妻恩爱等。

（5）比拟法是以物拟人或以人拟物。比如梅、兰、竹、菊的形象；象征君子的品质，寿星老人代表长寿等。

（6）表号法是吉祥文字或符号的变形表达，比如“团寿”“万字符”等。

这些表现手法是人们借助的手段，以表现丰富的内容，也是人们在漫长的历史发展过程中不断积累创造的成果。每一历史时期，都因社会的形态不同而产生相应的风格和内容。在此有必要追根溯源，介绍一下在历史进程中图案内容的发展和艺术风格的变化。

在人类早期的历史条件下，原始部落过着狩猎和简单的农耕生活，因此对事物的认识和理解比较单纯，并带有较强的敬畏心理。从新石器时代发掘的彩陶器物装饰图案来看，既有直观的具象纹样，比如各种动物纹样，也有抽象意味的几何纹样，比如一些彩陶几何纹和植物纹，这反映出原始先民极为天真纯朴的审美取向。

随着农耕文明的发展，原始部落逐渐摆脱了游牧生活方式，而建立起相对稳定的聚居形式。聚居产生国家，国家产生阶级，阶级产生征服和战争，战争带来杀戮和野蛮。夏商周时期的艺术带有强烈的恐怖感和森严感，甚至带有令人畏惧的神秘力量。饕餮纹、夔龙纹、夔凤纹等，被大量应用在以青铜器为主的器物装饰上，这种装饰风格对中国整个传统图案都有着深远的影响。明清时期使用率极高的草龙拐子纹，以及来自《山海经》的各种神兽造型，都带有强烈的夏商周艺术特点，同时也带有白垩纪时期各种不可驯服的冷血物种气质。

春秋战国时期是中国历史上又一个动荡的时代，但在诸侯群起纷争不断的大环境中，巫术和宗教对人的束缚也因权力的分散而变得越来越小，意识形态迎来了一个百家争鸣、欣欣向荣的时期。在装饰形式上，各种图案风格已经具有一定的轻松舒缓的感觉，即使是表现战争的场面也不例外。而更多的内容是表现生活的场景，如渔猎宴饮、田园收种、采桑出行等图案大量出现在实用器物上。

秦汉时期，国家统一，权力高度集中，意识形态上儒、道两家渐占统治地位，天人感应、阴阳五行学说盛极一时。直至明清，国人的宗教信仰、行为意识，及建居起宅等方方面面，受其影响至深入骨髓。秦汉时期的装饰题材也异常丰富，出现了羽化升仙、神灵祥瑞等迷信图案，装饰形式也随着意识形态的改变而趋于轻快流畅、舒展奔放，这一点突出体现在汉代的织锦刺绣、漆棺木雕上。然而砖雕纹饰却略显古拙，代表性的纹饰有青龙、白虎、朱雀、玄武四神瓦当等，造型风格古朴遒劲、生动自然，是中国传统纹样中的杰出典范。

三国、两晋、南北朝时期，简称六朝，又是一个政权不断更迭、战争频仍的时代。伴随着社会的矛盾和混乱的加剧，思想却失去了专制的枷锁，而迸发出极其自由豪放的热情。在道教文化流行的同时，佛教文化也乘势蓬勃兴起。这个时期的装饰题材也加入了新的元素，富有佛教寓意的莲花、忍冬纹得以广泛流行，莲花纹以其高贵典雅的姿态和超凡脱俗的精神象征含义，迅速成为人们喜闻乐见的形象。忍冬纹来自一种草本植物，因经寒冬而不凋的特性在装饰领域占有一席之地。忍冬纹主要表现形式为单元连续重复的组合纹样或波浪起伏、上下翻转的二方连续纹样，在随后的大唐盛世，忍冬纹发展成卷草纹，并迅速得到发扬光大。

隋唐时期，尤其是唐代，政权空前强大，经济空前繁荣，在物阜民安、万国来仪的醉人气氛中，整个国家的文化自信呈现无所束缚的膨胀态势。在发扬传统和对其他文化兼收并蓄的过程中，开启了辉煌灿烂的大唐文化盛世，诗歌、书法、音乐、绘画、石窟艺术、图案纹样等领域都有着登峰造极的成就。在装饰题材上，花草走兽、歌舞狩猎等内容成为主流。在审美趣味上，活泼中见端庄、饱满中见华丽成为这个时代的主要特点。其中最引人注目的图案是具有佛教象征意义的宝相花纹样，它集莲花、牡丹和菊花等高贵花卉的主要特点于一身，创造出一种非现实的理想花型，成为以后各个朝代不断推崇使用的主要纹样之一。同时在这一时期，由忍冬纹变化而来的卷草纹，也如春天的野草一般在装饰领域不断翻卷蔓延。

及至宋代，太祖赵匡胤因担心部下谋反，和平解除了武将们的兵权，国家的雄浑气魄随之式微，反而被细腻清秀的文人气息所笼罩。这一时期，整体思潮崇尚理学之风，精巧工细的绘画艺术备受推崇，各种器物上的装饰纹样愈发显得清雅秀丽。绘画和装饰纹样之间，形式上既相互借鉴也相互渗透，题材也多以彩凤飞蝶、莲花游鱼等与世无争的花鸟鱼虫类内容为主。可以说，两宋时期是文人们最惬意的时代，吉祥图案也透着一种典雅的气质。

由于宋代重文抑武，致使疆守羸弱，北方蒙古民族趁势入主中原，原有的汉文化受到一定的摧残和破坏，同时带来刚劲豪放的装饰风格，冲击着原有的传统装饰。汉族文人对外来统治的不满，不时体现在山水画卷中和装饰题材上，一些体现孤傲和不屈意志的寓意图案应运而生。典型的代表如“松竹梅”图案，它用象征的手法表达了人的精神要像青松、翠竹、梅花一样经冬不凋、宁折不弯。

明取代元，成为中国历史上又一个汉人统治的强盛政权。汉文化回归本体，士大夫们有充裕的空间思考人生和哲学、审美和艺术，理学思想受到怀疑，倡导人性解放的心学横空出世，并深刻影响着社会和文化的各个层面。在这种大环境中，装饰文化也迎来一个繁荣时期。这一阶段，民间吉祥图案的宝库更加丰富，题材更加广泛，形式更趋多元多样，谐音、象征、寓意、比拟、表号等表现手法，已经发展成为一种基本定型而且有完整体系的文化语言，各种吉祥图案已经深入到大众生活的细枝末梢，建筑、器皿、字画、服饰等无不带有浓郁的吉祥文化气息。它对推动社会伦理道德、丰富人民生活和普及宗教信仰等有着极为重要的作用。

清朝入主中原后，中国社会又面临形态上的转折，体现在工艺美术和吉祥图案上，前明的敦厚端庄之风，逐渐被清朝的庸俗细碎格调所侵蚀，变得繁琐而堆砌，这在主流社会的服饰、刺绣、瓷器等实物饰品上尤为明显。民间的装饰之风在延续传统的过程中，也在缓慢地发生着变化，一些略带臃肿的构图更具喜庆热闹之感，一些喧闹的图案构图充满着密而不乱的秩序之美。这一时期人们对吉祥图案的热情超乎任何一个时代，几乎每家每户或多或少都有吉祥图案的装饰，传播的范围之广、影响之深，已然与中华民族融为一体。

在历史文化积累的过程中，吉祥图案纹样种类繁多，总数难以估量，本书仅将最常见的砖雕类吉祥图案编辑整理，以飨读者。

第二节　中国传统吉祥图案的寓意

龙、凤凰

在中国传统吉祥图案中，龙、凤是吉祥高贵的象征，尤其是龙的形象，更是中华民族的图腾符号。龙的造型综合了一些自然动物的特点，用鳄头、蛇身、鹿角、鱼鳞、鸡爪组成了盘舞灵动的正统龙形象。龙被赋予了上天入水、呼风唤雨的神力，所以被历代皇权和神权所独享，所有皇宫建筑和寺庙建筑中都有大量的龙纹作为装饰。它代表了皇权神授的理念。

最常见的龙纹图案有“行龙戏珠”“二龙戏珠”“苍龙教子”等，它们是皇家影壁和寺庙影壁最常用的图案。

民间普通砖雕影壁上，有一种似龙非龙的图案，它的头部是略显简化的龙头，身体是弯曲转折的回形纹，有些还带有生长的叶芽。这是民间工匠艺人根据龙形创造出的草龙形象，以满足普通百姓对龙能给人们带来吉祥的心理需求。

凤凰是来自《山海经》的神鸟，书中描述为：“其状如鸡，五采而文。名曰凤皇……见则天下安宁。”凤凰因其华丽的外表和高贵的仪容，被称作“百鸟之王”，民间也有“百鸟朝阳”和“百鸟朝凤”的图案。在皇家建筑装饰中，凤凰象征“母仪天下”的皇后，因此，它的图案主要出现在后宫建筑装饰上。在寺庙和民居装饰中，凤凰代表着吉祥和太平。凤凰和龙组成的图案，称为“龙凤呈祥”，用来表示婚姻的美满；凤凰和麒麟组成的图案，比喻“天下太平”；凤凰和牡丹的组合，称为“凤穿牡丹”，表示吉祥富贵。民间雕刻图案中，关于凤凰的图案还有“有凤来仪”“鸾凤和鸣”等。

行龙戏珠

图案为一条蛟龙吞耍火珠，以此祈求辟邪免灾、吉祥如意。传说龙为“四灵”之长，龙珠被认为是一种宝珠，可辟水火。

二龙戏珠

图案为二龙共戏火珠，一侧为升龙，一侧为降龙。传说龙能降雨，民间遇旱年常拜祭龙王祈雨。后演变成“耍龙灯”的民俗活动，“二龙戏珠”即由“耍龙灯”演化而来，有庆丰年、祈吉祥之意。

苍龙教子

图案为一条大龙和两条小龙，大龙对小龙施以谆谆教导，以示龙族代代兴旺，此图案也有“带子上朝”的含义。

龙凤呈祥

图案为一龙一凤，表示乾坤泰合、阴阳平衡、天下太平、五谷丰登。民间也用“龙凤呈祥”来象征喜配佳偶、婚姻美满。

草龙拐子

也称拐子龙，是由回纹草花和龙头演变的草龙图案。

凤穿牡丹

凤为鸟中之王，是吉祥美好的象征，牡丹为富贵的象征，凤凰配牡丹，寓意美好吉祥和富贵。“凤穿牡丹”也称“凤喜牡丹”或“牡丹引凤”。

丹凤朝阳

图案为一只凤凰凝望太阳，此意出自《诗经·大雅·卷阿》“凤凰鸣矣，于彼高冈。梧桐生矣，于彼朝阳”之句。图案组合寓有完美、吉祥、光明的含义。

麒麟、獬豸、狻猊

麒麟，雄性为麒，雌性为麟，并称“麒麟”，是古代传说中的仁兽、瑞兽，与凤、龟、龙共称为“四灵”。麒麟的头部似龙，长有双角，身形似鹿，满身鳞甲，足生四蹄，是中国古代的瑞兽代表。

《说苑》称麒麟“含仁怀义，音中律吕，步行中规，折旋中矩，择土而后践。位平然后处，不群居，不旅行，纷兮其质文也，幽间循循如也”。与麒麟有关的图案，比如“麒麟八宝”或称“麒麟望日”，大量出现在民间各种器物装饰上，有吉祥瑞兆的含义。“麒麟送子”和“麒麟吐书”的图案都来自与孔子有关的传说。据说，山东曲阜的一户孔姓人家中忽现一头麒麟，嘴里吐出一方帛，上书“水精之子孙，衰周而素王，恠在贤明”（素王是指有王者之道而无王者之位的圣人）。第二天，随着麒麟的消失，孔子诞生了。民间以此传说来比喻喜得贵子。

另一个故事是说，孔子在河边看见一只受伤的麒麟，连忙给它包扎伤口。麒麟舔着孔子的手，吐出三部书来，然后跳入河中消失。孔子才知道那是一只神麒麟。孔子得此天书，勤学奋进，终成圣人之名。

无论是哪一种传说，都只不过是后人附加在孔子身上的神秘光环，但流传日久，已成一种根深蒂固的文化符号。人们从中取其美好的寓意，希望子嗣兴旺并学业有成。

獬豸与麒麟外貌特征相似，但也略有区别。麒麟双角、蹄足，獬豸单角、爪足（北京屋脊獬豸、陵区獬豸为蹄足），麒麟是仁兽，比喻君子，獬豸是法兽，用来比喻公正无私。

狻猊由狮子演变而来，晋郭璞注曰：“狻猊，狮子。亦食虎豹，出西域。”狻猊为龙生九子之一，平生喜烟好坐，故常出现在佛座和香炉腿座上。“狻猊食虎”的图案大多出现在城隍庙建筑装饰上，皆因图案的寓意符合城隍神“护国庇民，彰善瘅恶”的职能。

天下太平

凤凰代表着天下太平，麒麟也是在太平年代才出现的仁兽，两者共同组成的画面，寓意天下太平。

麒麟望日或麒麟八宝

一只回首的麒麟望着天空的太阳，它的周围是民间杂宝中的八种吉祥宝物：灵芝、磬、火珠、红珊瑚、如意、元宝、银锭和方胜。有的宝物也会与佛教八法器混用。

麒麟送子

传说孔子出生前，一头麒麟曾出现在孔家门口，后人以这个故事作为得子的象征，以表达人们延嗣的愿望，因此民间也有将新生之子称作“麟儿”的叫法。

麒麟吐书

传说孔子在河边救助过一只受伤的麒麟，麒麟感念其恩，从口中吐出三部书来。孔子得到这三部天书之后学问大长，后终成千古名师。此图案寓意家中将出杰出人才。

双喜临门

图案为两只喜鹊和一只麒麟，取谐音为“双喜临（麟）门”，比喻生活中有多件喜事。

法兽獬豸

獬豸是古代传说中的异兽，形似麒麟，善辨曲直，见人争斗即以角触不直者，因而也称直辨兽、触邪。獬豸也被称为法兽，代表法律和正义。

狻猊食虎

图案为狻猊正在吞噬一只老虎。狻猊为龙和狮子的演化，相传为龙生九子之一。“狻猊食虎”有着剪除凶恶、赐福百姓的吉祥寓意。此图案多用于城隍庙等庙宇，民宅一般不用。

狮子

《宋书》曰：“外国有狮子，威服百兽。”狮子形象是外来物种，自汉代传入中国后，逐渐受到人们的喜爱。狮子是尊贵和威严的象征，很多建筑大门口都安置一对狮子作为镇宅辟邪神物。逢年过节，一些地区还有热闹的舞狮活动，所以狮子也是喜庆欢乐的象征。民间对狮子图案的使用有着多种搭配组合，并有着不同的意义。“狮子滚绣球”图案，有“好事在后头”的含义；狮子和一枚铜钱的组合，寓意“好事（狮）在眼前（钱）”；一只大狮和一只或两只小狮的组合，以谐音比喻太师（狮）和少师（狮），太师、少师是古代的官位，借此比喻要辈辈做高官；一只大狮带三只小狮戏耍如意结，意为“四时（狮）如意”，没有如意结的图案也称作“四世同堂”；五只狮子比喻“五世其昌”，有世代繁荣之意；九只狮子比喻“九世同居”，其典故来自唐代张户人家，张家祖孙、父子、叔侄、兄弟同处一室，已历九世，唐高宗闻后亲访，问其相处诀窍，张户老翁连写一百个“忍”字，高宗感慨，予以旌表，民间以此典故比喻合家团聚、同堂和睦之意。后人也有用九只鹌鹑栖于山石菊花旁，地上有一些落叶的图案来形容“安（鹌）居（菊）乐（落）业（叶）”，其中也有“九世同居”的含义。

其他吉祥图案中，狮子的形象也不在少数，山西翼城一带“镇宅福禄”影壁中的钟馗坐骑，就是一头狮子。另外，狮子还是佛教中观世音菩萨的坐骑，可见狮子的形象在民间吉祥图案中应用相当普遍。

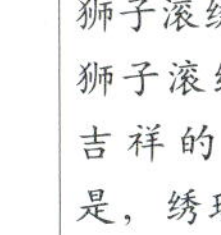

狮子滚绣球
狮子滚绣球是民间喜庆热闹吉祥的象征。另一层意思是，绣球往往设在狮子的前方，以应民间的一句俗语：“狮子滚绣球——好事在后头。”“事”与“狮”谐音。

好事在眼前
图案为一只狮子口衔飘带，飘带一端穿有一枚铜钱，铜钱的方孔称作“眼钱”，“狮”与“事”谐音，比喻“好事（狮）在眼前（钱）”。

太师少师
图案为一只大狮子和一只或两只小狮子。太师、少师是古代人臣极品的高官，“狮”与“师”同音，象征官居太师、少师的高位，寓意父辈和子辈都享受荣华富贵。

四时如意
图案为一大三小狮子在戏耍一个如意结，取其谐音为“四时（狮）如意”。

五世其昌
图案为五只狮子舞戏绣球，以谐音代表五世，寓意为家族世代繁荣昌盛。

唯有读书高
图案为狮子口衔绣球的飘带，飘带串着铜钱、如意结、金叶和一套书籍，书籍在狮子头顶的正上方，比喻读书是学子所有追求的最高理想。

九世同居
图案由九只狮子组成，象征“九世同居”，其典故来自唐代张百忍家族和睦相处的传说。

福禄寿

民间崇拜的神灵当中，“福禄寿”三星有着崇高的地位，他们所代表的福运、富足和长寿正是民间价值观中重要的理想追求。民宅中的“福禄寿”三星装饰称作“三星在户”，出自《诗经·唐风·绸缪》：“绸缪束楚，三星在户。今夕何夕，见此粲者。子兮子兮，如此粲者何！”三星中福星为怀抱幼孙的福运相，禄星为峨冠博带的高官相，寿星为高额白眉的寿者相。“福禄寿”三星常常被雕刻在影壁最显著的位置上，其表现形式也非常丰富，最常用的为三星人物形象。还有用象征物代替的图形，比如用蝙蝠代替福星、用鹿代替禄星、用松鹤代替寿星等。三星中的寿星，也称“南极仙翁”地位最高，所以，寿星单独的形象也很常见。

鹿、鹤在传统图案中常常形影不离，它们或者出现在同一画面中，或者分左右出现在不同的画面中。它们既可以有独立的寓意，也可以合并为一种寓意，独立时鹿为高官厚禄之意。鹿和灵芝的图案称为“鹿衔灵芝”，也是延年益寿的含义。鹤为延年长寿之意，鹿鹤合并，与梧桐树一起组成的图案寓意为“鹿鹤同春”，或者称作“六合同春”。鹿鹤的谐音为“六合”，六合指东、南、西、北、上、下这六个方向，意为天地四方。

传说中仙鹤享有几千年的寿命，因此在民间普遍代表长寿。仙鹤身姿优美、气质高雅，也是气节清高的象征。

单独的仙鹤与海浪组合，生成另一个成语“一品当朝（潮）”。仙鹤是传说中仅次于凤凰的“一品鸟”，在明清时期的官服补子上，仙鹤是一品大员的专用图案，代表着高贵的地位和品质。

三星高照（三星在户）
图案由三个老神仙组成。“三星”为福星、禄星、寿星。福星管祸福，禄星管官运，寿星管生死。“三星高照”象征着幸福、富有和长寿。

福禄寿
图案为代表长寿的寿星，手捧寿桃，骑着表示禄位的鹿，还有一只表示福气的蝙蝠飞在空中，三者结合构成“福禄寿”的主题。

延年益寿
图案为一只鹤和一只或两只鹿，背景有灵芝仙草等，鹤代表长寿，鹿代表官位和俸禄，鹤、鹿与灵芝一起表示人们对富足、长寿的向往。鹿、鹤如果和梧桐树组合，称为“六合同春”，“鹿”和“六”谐音，“鹤”和“合”谐音，“桐”与“同”同音，比喻天地四方、生机盎然。两只鹿也有“偕老”之意。

灵鹿仙芝
图案为一只鹿，身前生长着一枝灵芝，灵芝是仙草，鹿和灵芝表达的是高士们的仙风道骨，引申为延年益寿。鹿如果口衔灵芝，称为“鹿衔灵芝”。

松鹤延年
图案由仙鹤、松树组成。松和鹤都有长寿的含义，松树除长寿之外，还是气节的象征，松、鹤构成一图，为长寿与气节清高的象征。

八仙宝器

八仙是神话传说中不受玉皇大帝管辖、不受太上老君调遣的散仙，他们惩恶奖善、扶贫济世、法力高强，所以备受百姓钟爱。

八仙手执的器物各有各的功能：

汉钟离持扇，寓意能起死回生；

吕洞宾持剑，寓意能降妖驱魔；

张果老持渔鼓，寓意能星相卦卜、灵验生命；

曹国舅持阴阳板，寓意仙板神鸣、万籁无声；

铁拐李持葫芦，寓意能存炼丹药、起死回生；

韩湘子持笛子，有妙音萦绕、万物生灵之能；

蓝采和持花篮，寓意能广通神明；

何仙姑持荷花，寓意出淤泥不染、可修身禅静。

“八仙过海”图案，因人物表现偏于复杂，使用普及程度不及“暗八仙”图案。“暗八仙”是八仙手执的器物，用来代指八仙，这种图案因简洁明确、描刻方便而广为应用。

佛教的进入给民间吉祥图案注入了新的元素，代表图案为“佛教八法器”，民间称为“八吉祥”，包括法轮、海螺、宝伞、白盖、莲花、宝盖、双鱼、盘长。它们是佛教寺庙装饰中八种护法图案，象征佛法的威力。它们也是众生的八种识智，即眼、耳、鼻、舌、身、意、末那、阿赖耶的感悟显现。

“八杂宝”是民间各种吉祥宝物的混杂，如灵芝、红珊瑚、如意、火珠、银锭、双环、犀牛角、画卷。除此以外，还有方胜、元宝、双钱、枫叶、磬等宝物。八吉祥中的宝物，可以与前面的种类任意组合。

以“八”为一组的吉祥图案还有很多种组合，八仙、八法器、八杂宝、八骏、八彝等不一而足。这与现代流行的“八”等于“发”的观念没有关系，在传统观念中，八是阴数中最大的数字（阳数中最大的是九），这是民间使用的极限，代表着包罗万象的吉祥呈现。

八仙过海

图案为张果老、吕洞宾、韩湘子、曹国舅、铁拐李、汉钟离、何仙姑、蓝采和。这八位仙人在庆贺王母娘娘生辰归途中路过东洋大海，各自用法宝护身为舟，竞相过海，以示神通。

暗八仙

图案为八仙所持的八种法器：葫芦、团扇、宝剑、莲花、花篮、渔鼓、横笛、阴阳板。

张果老所持渔鼓，

吕洞宾所持宝剑，

韩湘子所持笛子，

何仙姑所持荷花，

李铁拐所持葫芦，

钟离权所持扇子，

曹国舅所持玉板，

蓝采和所持花篮。

八吉祥

传说中佛教的八种法器。

法轮：佛法常转，万世不停。

海螺：鸣声四海，妙音吉祥。

宝伞：张弛自如，由变从生。

白盖：笼罩大地，编复三千。

莲花：春天普照，纯洁无染。

宝盖：福音满圆，具空无漏。

双鱼：江河无阻，活泼自由。

盘长：全环贯彻，一切长通。

杂宝图

后两幅图案为八种民间吉祥宝物：灵芝、红珊瑚、如意、火珠、银锭、双环、犀牛角、画卷。

四品四艺

中国古代文人，有着对高尚品格的追求，也有着孤芳自赏的情怀，这种追求和情怀往往寄托在自然景物的隐喻中，梅花、兰花、竹子和菊花成为其中独一无二的寄情组合，它们代表着文人们四种最重要的品格，因此被称作“花中四君子”。

梅花代表着傲雪耐寒的品质；

兰花代表着宁淡幽香的气质；

竹子代表着宁折不弯的精神；

菊花代表着抗霜自珍的情怀。

梅、兰、竹、菊在历代文人的长期咏颂中，对中国整个士大夫阶层的思想和气质都产生了深刻的影响。

如果说梅、兰、竹、菊代表着人们精神层面的向往，那么琴、棋、书、画则是人们对技艺的掌握和对高雅志趣的追求。

琴，指琴瑟，据载为伏羲发明，最初的琴瑟以梧桐为木、丝绳为弦。

棋，指围棋，据载为尧舜发明，棋盘为横十九路、纵十九路，形成共计 181 个交叉点的正方格式盘面，棋子分黑白两色，对弈者各执一色，轮流入子，以占地多者为胜。围棋以深奥精微、变化无穷而深受人们热衷，历代爱好者不计其数，至今仍有着强大的生命力。

书，指书法，古时学子们的书法水平，几乎与文章占有同等重要的地位。

在四艺图中，“书”被刻画成书籍的模样，这是为了在形式上与“画”进行区别，其实它也是书写册页的一种形式。

画，指绘画，专指中国画。绘画产生于文字发明以前，是一个民族最重要的文化形式。中国画，通常离不开笔、墨、纸、砚文房四宝，所以中国画有着复杂的程序，爱好绘画的人必须进行长期的训练，才能掌握这种艺术技能。

梅兰竹菊

梅兰竹菊是民间最常用的组合图案之一，文人雅士常以此来比喻自己的品格。

梅

盛开于寒冬、傲然于风雪、不惧恶劣的环境，不屑与众芳争艳，这样的特质，正是传统文人希望达到的境界。

兰

深藏在幽谷，甘于平淡寂寞，即使在无人赏识的环境里，依然能够散发本我的幽香。

竹

竹身挺拔而有节，历经寒冬而不凋。君子以竹而自喻，表明自己无论面对何种处境，内心都要坚守信念，保持做人的气节。

菊

菊花是万花纷谢、深秋来临时唯一盛开的花朵，君子以此比喻自己有耐霜拒寒般的品质。

琴棋书画

琴棋书画，俗称“四艺”，是传统学子要掌握的四种技艺。

琴

指古琴、古筝，泛指音律。

棋

指围棋，是一种高雅的娱乐竞技活动。

书

指书法，是古代学子们的必修课程。

画

指国画，能够妙手丹青，最能体现一个人不凡的艺术才华。

四艺图中，每种器物都带有飘卷的风带，这是为了平衡构图，营造喜庆活泼的画面。

科举功名

中国自隋唐开始实行开科取士的政策，普通百姓看到通过科举也可取得功名，于是民间渐有尚学之风。在长达一千多年的科举制度发展过程中，有关科举的吉祥图案类内容，历代都有积累，这些图案反映人们对功名的渴望和对做官的向往。

“鲤鱼跃龙门”图案，就是反映学子们一旦考取功名，如同鱼跃龙门，身份随之改变的比喻。《水经注·河水四》曰：“鳝，鲔也。出巩穴三月，则上渡龙门，得渡为龙矣。否则点额而还。”这种图案在古代的文庙装饰中尤为常见，一般人家也将此图案刻在影壁上，以盼子孙考取功名。民间有“鱼化龙”或者叫“鱼龙变化”的吉祥图案，与此有着相同的寓意。

科举制度中最低等级的考试合格者称为秀才，通过乡试的合格者称为举人，举人进京参加殿试的合格者称为进士。进士分三甲：一甲的头名称为状元，第二名称为榜眼，第三名称为探花；二甲的第一名称为传芦。因此有的图案使用一只甲壳动物螃蟹代表“甲”，“一甲一名”即为状元，“二甲传芦”即为殿试二甲中的第一名。

“五子登科”的典故来自五代晚期渔阳人窦燕山（窦禹钧）教子有方，终使五子皆获功名的传说，他的五个儿子都做过朝廷高官，个个成就非凡，被人称为“燕山窦氏五龙”。与“五子登科”相似的寓意为“五子夺魁”。

这一类图案寓意，有着积极进取、励志向上的作用，也有部分娱乐的性质。在大多数随遇而安的人群当中，这或许只是在散漫的生活中博个好彩头，寻找一种聊以解闷的由头而已。

一路连科
图案为一只鹭鸶立于水中，背后是荷叶莲花。一只鹭鸶谐音“一路”，“鹭”与“路”同音，“莲”与“连”同音，表示学子在科考的路上，连续通过乡试、会试、殿试，每考必中。

鲤鱼跃龙门
图案为一条鲤鱼跃出水面，背后是一座门楼建筑，枋额或刻有“龙门”二字。相传黄河某段有龙门，水险浪高，河中鲤鱼至此奋力腾跃，凡是能跃过龙门的鱼即化身为龙。古时举子们若科举高中就像鲤鱼跃龙门，从此飞黄腾达。

鱼化龙
头为龙首，尾为鱼尾，体现了鱼正在变身为龙的过程，与“鲤鱼跃龙门”同义。

二甲传芦
两只螃蟹表示二甲，与芦花合在一起，表示考中了进士。进士分三甲，二甲的第一名为传芦。

五子登科
图案为一子手举灯笼、四子争抢的画面，“灯”与“登”同音，以示五子个个勤学上进，将来获取功名。一子手举灯笼又有“一举成名”之意。

书香门第
画面由古书和香炉组成，炉中香烟缭绕，比喻出身书香门第，瓶中插着一根孔雀羽毛，又有翎顶辉煌的含义。

功名富贵
图案为公鸡和牡丹的组合，公鸡打鸣以谐音比喻“功名”，牡丹代表“富贵”，此图案意为鼓励学子努力进取，日后谋取功名。

状元及第
图案为朝廷官员和衙役正敲锣打鼓地给考中的状元送来喜报和状元袍，以此体现人们对后代取得最高人生成就的期盼。

仕途官运

在中国古代，人们认为考取功名是为了做官，做官是成就人生理想的不二途径，因此，与做官相关联的吉祥图案占有很重要的比例。

“平升三级”或者称“连升三级”图案，体现的正是对升官的渴望。“官上加官”巧妙地应用了公鸡头上的鸡冠和鸡冠花组成双关语，表达了同样的愿望。

“大人虎变”“君子豹变”图案，意为原本默默无闻的小人物，忽然之间成为一位举足轻重的大人物，就好比老鼠变成了老虎一样翻天覆地。这是许多普通人梦寐以求的变化。《易·革》曰：“大人虎变，其文炳也。”疏：“损益前王，创制立法，有文章之美，焕然可观，有似虎变，其文彪炳。”《易·革》曰：“君子豹变，其文蔚也。”疏：“亦润色鸿业，如豹之蔚缛，故曰君子豹变也。”

另一种形容身份变化的图案表达了对封侯的向往。《礼记·王制》载：“王者制禄爵，公、侯、伯、子、男五等。”侯爵为第二等，在此指高官厚禄。封侯制度是封建社会皇帝对皇家子孙和建有功勋人员的封赏，除非建功立业或考取功名，普通人没有机会获得这种待遇，但民间有大量的“马上封侯”“辈辈封侯”“封侯挂印”等图案，体现相似的寓意。这类图案以谐音的形式，组成有趣的谜语式图案。它们所代表的含义一方面是给自己或者子孙们一些激励，另一方面体现了人们娱乐幽默的处世态度。或许在此环境中长大的个别孩子，会当真朝着这个目标努力。

“入阁拜相”“翎顶辉煌”“当朝一品”等，不外乎也是“封侯挂印”境界的另一表现形式，就连“姜太公钓鱼”图案，其实也不是真的钓鱼，而是钓宰相的官位。

仕途和做官，是封建社会人们唯一的梦想方向，因为在这种制度下，普通人没有其他晋级的通道，只有科举考试这唯一的独木桥。科考、做官、发财这三个阶梯是人们实现自我价值的步骤，因此反映这一思想的一系列图案比其他类图案数量更多。

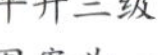

平升三级
图案为一只瓶中插着三只戟，旁边立放着一副笙，“瓶”与“平”，同音，“戟”与“级”谐音，“笙”与“升”同音，组合为“平升三级”，以此表示官运亨通的愿望或象征仕途顺利。有的图案也搭配莲花纹，取“连升三级”之意。

官上加官
图案为一只公鸡和鸡冠花的组合，“冠”与“官”同音，比喻仕途顺利、更进一步。

大人虎变
图案为山石上的一只老虎，象征人的命运将产生巨大的改变，短期内实现飞黄腾达的身份转变。图案中若是一只豹子，其寓意为“大人豹变”。

马上封侯
图案为猴子骑在马上，一群蜜蜂相随左右。“蜂”与“封”同音，“猴”与“侯”同音，表达急于飞黄腾达的愿望。

封侯挂印
图案为松树上垂挂着一方印和一只蜂窝，几只蜜蜂正绕窝盘旋，一只猴正有摘取蜂窝之意。表示即将身挂帅印、封侯发达。

入阁拜相
一人身着官服，在楼阁前对一只大象屈身揖拜，“象”与“相”同音，表示将入内阁、官拜宰相之职。此喻义在激励学子努力奋斗，以获取人生最高成就。

指日高升
一个身穿官服的人用手指着上升的太阳，比喻自己升迁高就指日可待。

富贵财集

传统观念中，做官就是为了求财，两者很难分离，所以“福禄寿”中的“禄”既是官（禄位），也是财（俸禄）。牡丹花也以雍容华贵的外表象征着财富和地位，或者直接就是官位（贵）。对普通百姓来说，单纯的求财愿望更有实际意义。“渔翁得利”“连年有余”“满载而归”等都是与财富和富足相关的吉祥图案。

“连年有余”，寓意既包含祈盼丰收后的安定生活，也包含其希望财富逐年积累、越积越多的愿望。

“精打细算”图案，是以算盘做比喻，既要有经商头脑，又要节俭持家。算盘有时会和“书籍”图案搭配，表示经商人家一面从商、一面读书的理念，它源自“耕读”的士大夫理想，从商者将其变化为“耕算”图案，倒也简洁易懂。

古代的人们将财富观念融到整体的人生幸福指数中，它并不占有绝对优先的位置，正如民间对“五福”的理解，“财富”只是排在“长寿”之后的第二位。

表现富贵的图案还有芙蓉与牡丹的组合，“蓉”与“荣”同音，“花”与“华”通假，牡丹表示富贵，合为“荣华富贵”。

牡丹，是百花之王，它的艳丽高贵外表被人们赋予“富贵”的象征。牡丹也有“国色天香”的称号。传说唐玄宗在内廷赏牡丹时问臣下：“牡丹诗中，哪个为第一？”程修已奏李正封的诗句：“国色朝酣酒，天香夜染衣。”因此牡丹的“国色天香”之称便广为流传。

牡丹也被称为“一品花”，牡丹与蝈蝈的组合，意为“官居一品”（“蝈”与“官”谐音）。

牡丹与香橼的组合，意为“富贵因缘”。

牡丹与雄鸡的组合，意为“功名富贵”。

牡丹与山石的组合，意为“富贵寿考”等。

当朝一品
一位身着官服者手中展现一卷长轴，上书“当朝一品”四字，一品是清代官员的最高品级。图案象征对富贵禄位的追求。“当朝一品”的另一种表现形式为一只仙鹤伫立潮头，仙鹤也称“一品鸟”，伫立潮头表示当朝（潮），此图案也称“一品当朝”。

刘海撒钱（刘海戏金蟾）
图案为刘海脚踏三足蛙，手执钱串做戏洒状。相传刘海是五代人，看破红尘后辞官散财，并修道成仙。三足金蟾是一只青蛙，古时认为得之可致富，寓意财源兴旺、幸福美好。

精打细算
用算盘表达经商和持家需要精打细算的节俭理念。另一种解释是算盘刻在影壁上也有辟邪的作用，民间曾有“神鬼怕算”的说法。

满载而归
一辆手推车上装满了金银财宝，象征财富的积累和丰厚的收获。

连年有余
图案为莲花和鲶鱼。“莲”与“连”同音，“鲶”与“年”谐音，“鱼”与“余”同音，表示对年年都有结余的富裕生活的向往。

本固枝荣
图案为水中生长的莲花，本意表示只有根基坚实牢固，枝叶才能繁荣茂盛。比喻人的追求不应流于浮表，而应提高自己的修养，增加内在的功力，收获自然水到渠成。

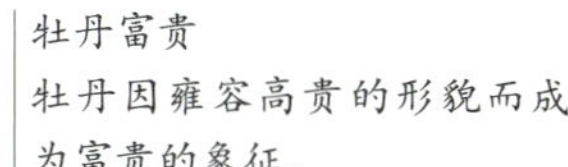

牡丹富贵
牡丹因雍容高贵的形貌而成为富贵的象征。

多子

繁衍后代是人类的自然本性，也是社会化和家庭化进程的结果，儒家观念对孝道的解释更加强了大众对血脉延续的热衷，尤其是清初以后，多子观念变成人们最重要的追求之一。传统吉祥图案中，“百子图”“多子、多福、多寿”等形容子孙兴旺的年画、剪纸、雕刻，几乎是各家各户不可缺少的装饰题材，各种比喻、象征和谐音的表现手法层出不穷。

以“多籽”的水果比喻家庭的“多子”，有着直观而贴切的效果，比如葡萄、西瓜、石榴等，都是表现“多子”题材中最常见的元素；在十二生肖中，老鼠因处在“子鼠”的位置，也被用来体现“子”的概念，而且老鼠本身具有超强的繁殖能力，也是人们选择它的重要理由，“老鼠盗葡萄”或称“松鼠偷葡萄”，正是这两种“子”的概念的有趣组合。

“莲子”图用来表达“连生贵子”。

“瓜瓞绵绵”，为蝴蝶飞落在藤蔓上的香瓜上。原意出自《诗经·大雅·绵》：“绵绵瓜瓞，民之初生，自土沮漆。”“瓜”为大瓜，“瓞”为小瓜，意思是瓜始生时小，但其蔓不绝，会逐渐长大，绵延生长。“蝶”与“瓞”同音，此图案用以祝颂子孙昌盛。

番草纹，是由忍冬纹发展演变而来，它的枝叶可以随意设计成各种弯转翻卷的形式，是适用性最强的图案。番草也因具有蔓延生长的特性，用来比喻生命的繁盛和延续。

葫芦谐音“福禄”，九个葫芦比喻“久福禄”，配以缠绕的枝叶，又有“福禄万代”的含义。葫芦也因多籽的特点也用来比喻子孙昌荣。

连生贵子
图案为荷花中端坐一个婴儿。荷花果实是莲子，借喻连续、连绵之意，此图案表达了人丁兴旺的心愿。

鼠盗葡萄
老鼠或者松鼠与葡萄组合，以葡萄的多籽比喻家庭多子，鼠也因在地支中占有“子”的位置，以及本身具有旺盛的繁殖力，而同样用来比喻家庭人丁兴旺。

西瓜多子
以西瓜的多籽表示后代的繁荣。

榴开百子
石榴因籽多而用来象征家族的子孙繁多、人丁兴旺。

瓜瓞绵绵
图案为蝴蝶和香瓜的组合，“蝶”与“瓞”同音，瓜是大瓜，瓞是小瓜，意为子孙一代一代绵延相传、繁衍昌盛。

番草
番草是一种生长旺盛的野草，民间取其繁茂之意，寓意后代昌盛、生命力长久不衰。

万代福禄（子孙万代）
葫芦是“福禄”的谐音，葫芦的枝条代表着万代（带），组合在一起表示世代荣昌的含义。葫芦也因多籽而比喻多子。

多福

“福”字，起源于远古的祭祀活动，“福”的本意是人们向神灵祭酒的象形，含义即“事神致福”。“福”是中国人观念中极为重要的一个梦想,究竟什么是“福”,除了“寿”“富”“康宁”“攸好德”“考终命”这五福外,它的外延似乎没有边界,发生在自己身上的任何好事都可以用“福”来形容。总之它是各种好事情、好运气的总称。在本书中，以“福”字为主题的影壁占了相当多的篇幅，它是民间“福”文化普及程度的反映。“福”寄托了人们对幸福生活的向往，也是对美好未来的祝愿。

蝙蝠的“蝠”因与“福”同音，幸运地成为福气的象征，各种与“福”有关的成语类图案，都有蝙蝠的身影。“五福捧寿”是五只蝙蝠围绕团寿飞舞；“五福吉庆”是五只蝙蝠中的一只口衔“石磬”的形象；“福运”是蝙蝠飞在祥云之中；“福在眼前”是蝙蝠面对着一枚铜钱等。形容“福”的不只有蝙蝠，还有一种叫佛手的水果，“佛”字因与“福”字发音相近，而成为“福”的另一种代表。

“福”还与其他一些形象相互组合，形成一些延伸图案，例如，钟馗执剑接引一只蝙蝠，寓意“钟馗引福”；蝙蝠、鹿和寿星，组成“福禄寿”等。形容“福”含义的还有几组来自《诗经》的文字，比如“戬穀”二字，与“福禄”同义；“天赐纯嘏”中的“纯嘏”二字，为“大福”之意。

五福吉庆
由五只蝙蝠组成，其中一只蝙蝠口中衔着一个磬，“蝠”与“福”同音，“磬”与“庆”同音，谐音为“五福吉庆”。

五福捧寿
图案为五只蝙蝠，中间有一寿桃或寿字。古时人们认为五福为“一曰寿、二曰富、三曰康宁、四曰攸好德、五曰考终命”。五福中本来已有一寿，此图案中间又多捧一寿，说明人们更强调长寿的意义。

福缘善庆
图案为一身着官服者引着一只鹿，面前童子一手拿蝙蝠代表“福”，一手执石磬代表“庆”，身后一童子手执长扇代表“善”，树枝上挂着一种水果“橼子”表示“缘”，以谐音形式组成“福缘善庆”。

福在眼前
一只蝙蝠面对着一枚铜钱的方孔，比喻“福在眼前（钱）”。

天官赐福
图案为天官手持横卷，上书“天官赐福”四字迎面而来。道教中有天官、地官、水官三神，天官为玉清境紫微大帝，每逢农历正月十五日，即下人间，校定人之罪福，故称“天官赐福”。

多福
以佛手的“佛”谐音“福”，表示福气。

福运
为蝙蝠和祥云的组合，谐音为“福运”。五只蝙蝠也寓意“五福临门”。

多寿

长寿，是中国人在“五福”中优先追求的人生目标，在传统图案中，表现长寿的内容比比皆是，“福禄寿”三星中的寿星也称“南极仙翁”，在三者当中占有最突出的地位，他是人们尤其老人们最爱戴的形象。“寿桃”也是表现长寿的象征，它是道教传说中王母娘娘蟠桃会的珍品，据传有食之延寿的功效，寿星手中的仙桃正是来自于此。“八仙过海”图案，实际上就是传说中八仙受邀前往蟠桃会为王母娘娘庆寿的途中景象，因此这组图案也称为“八仙祝寿”。

绶带鸟因“绶”与“寿”同音而表示“长寿”，它的特点是头上长着一撮向后飘着的羽毛。

寿山石、松树、仙鹤、灵芝仙草、菊花、猫和蝴蝶都是民间比喻长寿的特有形象。

九条鱼或九个如意的图案表示“九如”，或者直接用风景画面表示“九如”，画面中有山冈川流，以及松柏、日、月等诗中描写的景物。

“九如”，出自《诗·小雅·天保》中的诗句：“如山如阜，如冈如陵；如川之方至，以莫不增……如月之恒；如日之升；如南山之寿，不骞不崩；如松柏之茂；无不尔或承。”诗中连用九个“如”字，并有“如南山之寿，不骞不崩”之语，而成为流行的祝寿之词。在民间各种雕刻、瓷器、家具上，“九如”因其诗句含蓄优美而应用广泛，甚至一些商家给自己的商号起名也会参考“九如”中的词句。比如清代山西平遥著名票号“日升昌”，其名就来自“九如”中“如日之升”之句；旧上海黑社会老大杜月笙的公司名称，也因他的名字中有个“月”字，而引“如月之恒”之句，取名“恒社”。

多寿
桃，俗称寿桃，是长寿的含义。

灵猴献寿
图案为猴子和桃子的组合，既有封侯和长寿之意，也有“弼马温”孙悟空偷吃仙桃而增寿增岁的比拟。

绶带鸟
绶带鸟的“绶”与“寿”同音，比喻长寿。

松鹤延年
松树和仙鹤都是长寿的象征，二者组合既是自然的搭配，也是长寿、长久的比喻。

祝寿
图案为竹子和山石的组合，“竹”与“祝”谐音，山石表示“寿”，组合为“祝寿”之意。

寿居耄耋
图案由猫、蝴蝶、菊花和山石等组成，山石为“寿”，“菊”与“居”谐音，“猫”与“耄”谐音，“蝶”与“耋”同音，合为“寿居耄耋”。“耄耋”指的是八九十岁的老人，此图案表达长寿的祝愿。

九如
图案为游动的九条鱼，“鱼”与“如”谐音，表示“九如”，为“祝寿”的颂词。

家庭常伦

中国对家庭伦理的推崇程度甚高。《汉书·东平思王刘宇传》曰：“福善之门莫美于和睦，患咎之首莫大于内离。”家庭伦常，首推孝道。最具影响力的“二十四孝”图，即是中国传统伦理关系中对孝道的极端解释，内容包括：

忠孝双全，望云思亲，上书救父，
彩衣养亲，哭竹生笋，扼虎救父，
鹿乳奉亲，笼负母归，弃官奉亲，
芦衣顺母，卖身葬父，亲尝汤药，
卧冰求鲤，闻雷泣墓，百里负米，
挨杖伤老，跪父留母，孝感继母，
劝姑孝祖，孝感动天，兄弟争孝，
啮指痛心，老莱娱亲，郭巨埋儿。

另一种表现家庭伦理观的图案组合为“五伦图”。“五伦”即五常：“君臣、父子、夫妇、长幼、朋友。君臣有义，父子有亲，夫妇有别，长幼有序，朋友有信。”后人以五种禽鸟比喻五伦：凤凰、仙鹤、鸳鸯、鹡鸰、黄莺。

据《禽经》：“鸟之属三百六十，凤为之长，又飞则群鸟从，出则王政平，国有道。”故用凤凰表示君臣之道。

据《易经·中孚卦》：“鸣鹤在阴，其子和之。”故用仙鹤表示父子之道。

据《古今注·鸟兽》：“鸳鸯，水鸟，凫类也。雌雄未尝相离，人得其一，则一思而死，故曰匹鸟。”故用鸳鸯表示夫妇之道。

据《诗经·小雅·常棣》：“鹡鸰在原，兄弟急难。”故用鹡鸰表示兄弟之道。

据《诗经·小雅·伐木》：“莺其鸣矣，求其友声。”故用黄莺表示朋友之道。

其他关于家庭伦常的图案还有：

“鸳鸯卧莲”象征夫妇之间的和睦关系。

“居家欢乐”“和谐”“鸾凤和鸣”“马报平安”等图案，也以比喻、象征和谐音的形式，表达人们对家人的承诺和对家庭关系的重视。

二十四孝系列
二十四孝图是元代郭居敬编辑的二十四个孝子的故事，它诠释了中国古代家庭伦理中关于“孝道”的价值观念。

五伦图
图案由凤凰、仙鹤、鸳鸯、鹡鸰、黄莺这五种禽鸟组成，象征君臣、父子、夫妇、长幼、朋友这五种伦常关系。

鸳鸯卧莲
图案由两只鸳鸯和莲花组成，古人视鸳鸯为爱情的象征，比喻婚姻美好、夫妻和睦。鸳鸯卧莲也称鸳鸯戏莲、荷塘鸳鸯等。

八百千秋
图案由八哥鸟和菊花组成，八哥鸟表示“八百”，菊花也称为秋菊，表示“千秋”。

和谐
图案为荷花和螃蟹的组合，以“荷”“蟹”的谐音组成“和谐”之意。

马报平安
一人手执文书，策马飞奔，表示受托向其家人报平安之喜。图案中还有梅枝上落着的两只喜鹊，既有双喜临门之意，又强调了画面中“喜报”的意味。

杏
杏与“幸”同音，表示幸福。

鸾凤和鸣
鸾凤和鸣指鸾鸟、凤凰相互应和鸣叫，比喻夫妻和谐，出自《左传·庄公二十二年》：“是谓凤凰于飞，和鸣锵锵。”

吉祥如意

“如意”一词，代表着人们对生活的美好诉求，与“如意”有关的传统图案有着多种组合，比如“吉庆如意”“吉祥如意”“事事如意”“万事如意”“必定如意”等等。传统图案中，表示“如意”概念的是一种把件，名叫如意，它源自一种搔背工具。最早的如意，柄端作手指之形，以示手所不能至，搔之可如意，故称如意，俗叫“不求人”。后逐渐演变成达官贵人手中把玩的一种装饰物，因其名叫如意，而成为表现生活称心如意的代替物件。《稗史类篇》曰：“如意者，古之爪杖也，或用竹木，削做人手指爪，柄可长三尺许。或背脊有痒，手搔不到，用以爬搔，如人之意。”

传统吉祥图案中还有一些用动植物或者物件名称以谐音方式做比喻的图案，比如：大象表示“吉祥（象）”；公鸡表示“吉（鸡）利”；橘子表示“大吉（橘）大利”；戟和磬表示“吉（戟）庆（磬）”，再配合鲤鱼的图案，即为“吉（戟）庆（磬）有余（鱼）”；戟和磬与如意相配的图案，称为“吉（戟）庆（磬）如意”。

喜鹊因名称中有个“喜”字，而表示欢喜的心情、喜事等，又因中国传统中有好事成双的讲究，图案中的喜鹊都以成双出现。两只喜鹊落在梅花枝头上称作“喜上眉梢”，或叫“喜鹊登枝”，两只喜鹊和麒麟的组合称作“双喜临门”。除了喜鹊代表“喜”以外，蜘蛛也有“喜”的含义，在民间蜘蛛也被称为“喜蛛”，一只从天花板垂下的蜘蛛图形，寓意为“喜从天降”。还有一些地方文化中因方言的谐音关系，产生了其他含有“喜”概念的形象，比如石榴的“石”字谐音“喜”，而在特定地区流传。

春风得意
图案为柳树下自在的骏马，柳树代表春天，骏马表示得意，所谓“春风得意马蹄疾”。

吉庆如意
两幅图案为一组，由戟、磬和如意组成，“戟”与“吉”同音，“磬”与“庆”同音，与如意组合，寓意“吉庆如意”。

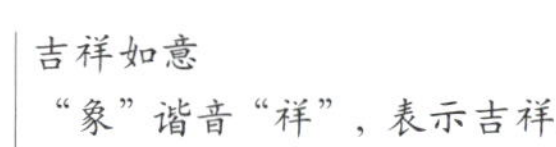

吉祥如意
“象”谐音“祥”，表示吉祥。

万事如意
图案为卍字符和如意的组合，表示所有的事情都能如愿。

事事如意
图案为两个柿子和一个如意，“柿”与“事”同音，比喻生活中所有的事情都非常顺利。

必定如意
由三幅图案组成，有毛笔、铅锭和如意。“笔”与“必”谐音，“锭”与“定”同音，合为“必定如意”。比喻生活必然会过得美好。

吉庆有余
图案由戟、磬和鱼组成，以谐音形式表示吉庆有余的寓意。

喜上眉梢
“眉”与“梅”同音，两只喜鹊寓意“双喜”，比喻生活快乐，好事成双。

其他寓意

“宝相花”图案在汉代随佛教传入中国，它是集合莲花、牡丹、菊花的特征，经过艺术处理而形成的一种圣洁、端庄、美观的理想花形。在佛教寺庙和皇家建筑中，宝相花都是重要的装饰纹样。

“犀牛望月”中的“犀牛”谐音“喜牛”，是大吉大利，喜从天降的吉祥物，也是生财镇宅之宝。

“白马海水纹”，也称“海马”，在我国古代神话中也是吉祥的化身。海马象征忠勇吉祥，智慧与威德通天入海，畅达四方。

鹰和虎、鹰和熊或者鹰和雄狮的图案组合，都是表示君子的英雄斗志。图案如为单独站立的雄鹰形象，寓意为“英雄独立”。

博古纹，指文人书房中博古架上摆放的古代器物图案，鼎、尊、彝、瓷瓶、玉件、书画、盆景等装饰题材，均称为博古纹。有的还在器物上添加各种花卉、果品作为点缀。博古纹的装饰既有清雅高洁的寓意，也有比喻主人通今博古、知识丰富的含义。

“三阳开泰”，图案以三羊表示三阳，羊，即祥也。羊，在中国民俗文化中的“吉祥”多被写作“吉羊”。“三阳开泰”出自《周易》中的泰卦，乾上坤下，三个阳爻在上，三个阴爻在下。冬至是“一阳生”，十二月是“二阳生”，正月则是“三阳开泰”，表示阴气渐去、阳气始生、冬去春来、万物复苏之象。“开泰”则表示吉祥亨通，有好运即将降临之意，常用以称颂岁首或寓意吉祥，也是兴旺发达、诸事顺利的颂称。

宝相花
宝相花集中了莲花、牡丹、菊花的特征，组合成完美的花形，是佛教中圣洁、端庄、美丽的花朵。

犀牛望月（一说吴牛喘月）
“犀牛望月”有多种传说，但在民间吉祥图案中，“犀牛”的谐音是“喜牛”，有大吉大利、喜从天降之意。民间采用此图案，多以此作生财镇宅之用。

白马海水纹
也称海马、玉马。《元史·舆服二》记述：“玉马旗，赤质，青火焰脚，绘白马，两膊有火焰。”以海马飞腾奔跃的身姿比喻通天入海、畅达四方的豪情。

孔雀牡丹
孔雀是吉祥、美丽之鸟，与牡丹花相配，寓意富贵美好。

英雄封侯
图案为鹰和熊充满敌意地对视，树干上有两只猴，鹰与“英”同音，熊与“雄”同音，猴与“侯”同音，比喻男儿应有不屈的气概和积极拼搏的精神，赢取人生的功名和地位。

博古通今
图案为博古架上摆放着各种古玩器物、摆件和花卉等。博古架是古代达官贵人和文人书房中的陈设，是格调高雅、爱好广泛、通今博古的象征。

三阳开泰
图案为三只吃草的羊，“羊”与“阳”同音，表示“三阳开泰”。

“耕读”是古代士大夫阶层向往和追求的理想生活模式，它代表了人们在物质层面和精神层面相平衡的追求，所谓“耕乃务本，读可荣身”。“耕读渔樵”是“耕读”的外延，民间以此为题材的雕刻非常普遍，大多以这四种职业打扮的人物穿插在山水风景之中，既是美景图像，也是寓意画卷。另外以物代人的表现手法，也在民间装饰中发挥着简洁明快的作用，比如以犁表示“耕”、以书表示“读”、以鱼表示“渔”、以柴表示“樵”。

“士农工商”是古代划分的四种职业，传统称为“四民”，即读书人、农民、工人和商人，但这一题材相对少见，偶有出现，倒也别有情趣。

除了壁心、岔角花等位置雕刻主要图案外，还有一些作为陪衬的辅助图案，这些图案大多集中在影壁的线枋、冰盘沿、建筑戗檐盘头等处，如回形纹、扯不断、菊花纹、卷草纹、连珠混、卍字锦等。它们同样具有明确的寓意，回形纹、扯不断寓意连绵不绝；菊花纹象征长寿和耐寒傲霜的品质；卷草纹象征生命力繁盛等。

中国传统吉祥图案，题材远不止这些，还有大量的传统历史故事、戏剧故事、不同地域特有的吉祥图案等，本书未曾编辑整理。好在早有专家学者在不同的图案类书籍中有过详细介绍，本书只是给出与北方砖雕有关的常见吉祥图案百余，仅供读者参考。

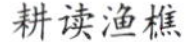

耕读渔樵

图案以牛拉犁代表“耕”，以笔墨书籍代表“读”，以鱼代表“渔”，以斧头和柴担代表“樵”。“耕、读、渔、樵”是古代的四种职业，也是古代士大夫向往的田园生活方式，是一种回归自然、返璞归真的生活态度。

怡情小景

亭中观景的“天人合一”境界。

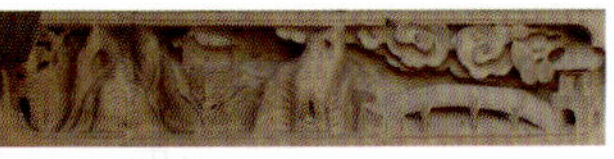

山水小景

士大夫向往的山间隐居生活。

小桥流水

白云草亭、小桥流水，纯粹田园牧歌式的山间美景。

士农工商

图案以笔墨、书籍代表士人群体，以竹篮、锄头代表农民群体，以木锯、锤凿代表工人群体，以算盘、账本代表商人群体。士、农、工、商称为四民，是古代对社会主要职业群体的划分和称谓。

T 形纹

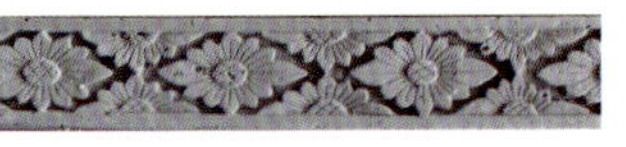

菊花纹

卷草纹

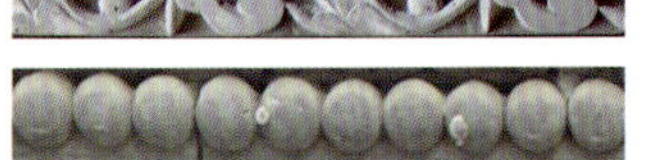

连珠混

卍字锦

中国传统吉祥图案，是我们中华民族智慧的结晶，它们借助建筑装饰等各种载体，在民间广泛传播，并深刻地影响着人们的思想观念和审美趣味。它是中华民族文化的根基，所以中国乡村传统文化和承载这种文化的实物载体需要得到强有力的保护，尤其是要保护好孕育了中国几千年文明的精神土壤，使其免遭破坏，这一土壤，就是我们广大的传统村落。民俗专家冯骥才先生对此说过这样的观点：

“在中国的传统村落里，
有我们的民族记忆和精神传统，
有我们民族的终极价值观，
有我们民族的 DNA 和特有的审美，
有我们丰富的、多地域的、多样的文化创造，
这些东西必须保留，
必须传承，
不能失去。”

第三节　影壁与中国传统文化

影壁，或称照壁，作为中式建筑不可或缺的一种墙体，被人们赋予了多种含义，无论是遮挡还是空间延展等功能，无不浸透着人们对居住环境的理解、对生活的诉求和对美的感受。而如果抛开影壁表面这些可见的属性，我们或许会发现影壁蕴含的原始精神，以及最古老的文明特质。

无疑影壁的主体结构模仿了木构建筑的样式，如右上图中的晋南民居影壁，柱、枋、檩、斗栱、飞椽、檐椽等组件一应俱全，而这种结构在各地所有的主流影壁上都是其主要的形式，其中的斗栱结构更是被突出强调。众所周知，在等级森严的古代，对建筑的样式有着严格的规定，斗栱建筑被称作大式做法，无斗栱建筑被称作小式做法。大式做法普遍用于皇家建筑、有品级的官式建筑和供奉神灵的寺庙建筑上，普通民宅不得使用；而民间影壁大量使用高等级建筑的斗栱造型，只能说明影壁本身具有一种特殊属性。

晋南民居影壁

本页和右页图中的影壁，难道不像是一开间的神庙样式吗？甚至图左下图中的影壁壁心中间直接安放着一座土地神龛，整体的神庙性质似乎显而易见。而右页上图中的晋中地区影壁，壁心中更是刻着一个大大的“福”字，这与先民们面对神庙祭祀时的“祈福禳灾”愿望并无本质区别。

这一切无疑表明，影壁不是单纯对木构建筑技术层面的模仿，而是对神庙建筑精神层面的复制，换言之，影壁与中国的祭祀传统似乎有着天然的联系。追溯中国远古的文明脉络，始终有一条清晰的主线贯穿于中国各个文化层面当中，那就是对神灵和祖先的尊崇和祭祀。

《左传·成公十三年》曰：“国之大事，在祀与戎。”

《礼记·祭统》云：“凡治人之道，莫急于礼；礼有五经，莫重于祭。”

皇家重祭祀，民间亦如此。尽管每个地区都建有公共神灵庙宇，但人们仍然需要在每一天、每一次进出居宅大门时，都能感受到神灵的庇护和其对心灵的洗涤，因为人们相信，头上三尺有神明，当人们与影壁无数次相遇时，一定会潜移默化出一种真诚的敬畏。

晋中民居影壁

在大部分地区，影壁也是宅院中装饰最讲究的地方，因为人们总是用最虔诚的态度对待神灵，也将最美的装饰奉献给神灵，右页下图中的大同民居影壁，是众多影壁中装饰较为精美的一种，它华美繁细的雕工，表示人们在祈祝时发自内心的态度。

在这些装饰图案中，无一不是表达吉祥美好的含义。它们是人们心中的祈愿，当人们面对这些图案时，就像是在向上天祈福，只不过祈求的内容更加具体，也更加广泛。

人们祈求上天赐给自己“福气”，所以影壁上有“福”“五福临门”“五福捧寿”“福在眼前”这样的图案；人们盼望长寿，于是有了“松鹤延年”“八仙祝寿”“寿居耄耋”这样的图案；人们也祈盼子孙满堂、人丁兴旺，于是有了“西瓜多子”“榴开百子”“鼠盗葡萄”“连生贵子”这样的图案；人们还渴求生活的美好和快乐，于是有了“吉庆有余”“事事如意”“喜上眉梢”“双喜临门”这样的图案；人们也敬畏天道，追求积极向上的人生目标，于是有了“琴棋书画”“鲤鱼跃龙门”“封侯挂印”“一路连科”“五子夺魁”这样的图案；人们还注重家庭幸福、夫妻和睦，于是有了“鸳鸯卧莲”“琴瑟和鸣”这样的图案；人们遵循圣人的教诲，赞美悠久的中国传统经典，于是影壁上就有了“孔子箴言录”“朱子治家格言”“待漏院记”“醉翁亭记”这样的教化文章，以及许多耳熟能详的优美诗句等。当然，人们更欢迎神仙的降临，更盼望灵兽的守护，“福禄寿三星”“八仙”“麒麟”“狮子”等形象，就成为影壁上必不可少的装饰。这一切都在神庙般的影壁上雍雍而列、熠熠生辉。人们相信内心的虔诚会让所有的祈祝直达天听。

晋中民居影壁

晋北民居影壁

然而，这些浩瀚的图案、文字等文化符号来自哪里呢？它们是如何在数千年的衍生和发展过程中，生根发芽并枝繁叶茂的呢？中华文明的源远流长指的是什么、源自哪里、如何流长，其博大体现在什么地方、精深在何处？为什么儒道文化是中国民间文化的主流？为什么影壁的额枋处或拱间板上常常刻有《诗经》的摘句？那些神灵异兽是否可以追溯到《山海经》中的记述？这些经典产生的年代都在三四千年以上，由此延续的文化为何没有像世界上其他古老文明一样中断呢？

没有一种原因是绝对的理由，但中国祭神祭祖传统所蕴含的“敬天法祖”精神，无疑是让中华文明得以持久尊崇而不曾断绝的重要原因之一，而广大的民间，又是这种文明始终能够延续的主体。

影壁，建筑群中最重要的一种墙体，承载着这一伟大文明中无数精神细节和文化含义的延续，它们是塑造民族气质的根源。浏览这些丰富且充满灵性和智慧的图案，会发现一道道发端久远而深邃的文化源头清晰可见。

中国建筑及影壁的儒道精神

民间建筑和影壁，体现着中国人的哲学思想和建筑美学，其主要构架为儒家思想和道教精神。儒家思想以《四书五经》为要，影响力遍及官方主流和学子群体，并及至民间。儒家思想在社会形态上强调等级尊卑，思想上提倡忠孝仁义，传统图案中不乏这类的题材和文字。道家则以《易经》等经典为端，佐以“阴阳五行”学说、“天人感应”理论，汇杂占卜算命、风水命理等方术，成为民间观察世界、指导生活的又一主要价值体系，其中包含着的浓厚迷信成分，同样难以剥离。道教自汉代创立伊始，便以无所不包的气势，渗透到人们生活的各个角落，并以具有直观形象的神灵鬼怪造像，迅速占据了人们空虚的精神领域，在古代教育极为落后的情况下，这种传播显得轻而易举。

“道”字壁心

“德”字壁心

在道家的思想理论中，“天人合一”观点，对民居建筑格局的影响尤为深远，理解了“天人合一”，便理解了传统建筑的精髓。“天人合一”不仅是关于人与自然物质层面的关系，更是精神层面“天、地、人”合而为一的境界，正如庄子所言：“天地与我并生，而万物与我为一。”“天人合一”的核心理念是“天人感应”，汉代思想家董仲舒认为，天和人同类相通，相互感应，天能干预人事，人亦能感应上天。天象会作用到人的身上，于是人们营造与天象对应的居住环境成为必然，即所谓“在天成象，在地成形”。古代皇家宫城即按南朱雀、北玄武、左青龙、右白虎的格局建造，对应天上二十八宿的四组星宿，从而达成与天感应的形势。自然环境同样也是天道的反映，比如风水中的北靠山、南照山、左青龙山、右白虎山，对应民居“坎宅巽门”四合院中的正房对应靠山，倒座对应照山，东厢房和西厢房分别对应青龙山和白虎山，这样的格局，人居其中，便会感应天意，从而便“天人合一”了。

由此可见，“天人合一”理念在建筑的层面上更具有象征含义。

儒家从另一个角度观察世界，四合院便是长幼有序的等级制度体现，正房为尊者长辈居住，左厢房为长子居住，右厢房为次子居住，倒座为下人居住。儒道两家角度不同，但也融会贯通，互不矛盾。又例如《易经》，道家从“道”的角度出发，从中看到的是“中通万物之情，究天人之际，探索宇宙、人生应变的大法则”和占卜算命的方法。儒家从“德”的角度观察，从中看到的是天道对人积极励志的作用，比如“天行健，君子以自强不息”，“地势坤，君子以厚德载物”等。

道家与儒家，是中国传统文化中最主要的两个方面，而民间影壁上体现的主流文化内容，离不开这两家的思想范畴。

影壁上的《易经》文化

晋中常家庄园“太极八卦图”影壁

晋南民居“八卦图”影壁。
楹联：“柳列坤门圆若镜，水朝巽地清且涟。”
匾额：“壮观瞻。”

《易经》是中国传统文化最重要的一个源头。

《易经》始于伏羲八卦，成于周文王父子六十四卦。历代思想家、哲学家及各种古代学科无不从中寻求智慧，汲取营养，儒道文化、诸子百家学说，莫不与之有千丝万缕的渊源，所以它被誉为“群经之首”（与《诗经》为“五经之首”一说分属不同概念）、“大道之源”。

《易经》对中国文化的影响遍及各个领域，诸如哲学、美学、医学、音乐、舞蹈、诗歌、建筑、绘画等不一而足。但对于民间建筑而言，风水八卦才是《易经》体系中最根本的部分。

人们日常所使用的“八卦图”，是最基础的八组卦形，以“—”为阳，以“--”为阴，相叠组成乾、兑、离、震、巽、坎、艮、坤的卦象，分别对应天、泽、火、雷、风、水、山、地八种自然现象。乾为天，兑为泽，离为火，震为雷，巽为风，坎为水，艮为山，坤为地。以这八组卦形，再根据五行相生相克原理，来理清宅院的各个方位，以调整吉凶主次，以达到“物尽其用、地尽其能、物得其位、人得其所”的效果，比如正房居于坎位，既可面向吉祥（阳光充足的南方），又可避免发生火灾（坎为水位），大门设在东南角的巽位（巽主流动），即可引东南暖风，避西北冷风，又可迎东方紫气，趋吉辟邪等等。

但即使如此，人们依然希望更进一步加强“八卦图”能量的作用，于是将“太极八卦图”雕刻在宅院最显要的影壁上，就成为很多地区民居宅院的又一道风景。人们迷信地认为，“太极八卦图”是宇宙的超级能量源，经常面对凝视，会提升生命的质量，改变命运的走势，并对居住环境起到平衡阴阳、迎吉挡煞的作用。如果简单理解，老百姓实际上是把“太极八卦图”当作吉祥图案来使用。

另一方面，在广大农村地区的神灵崇拜文化中，对“天地”神灵的祭祀极为隆重。“天地”神龛本是供奉道教掌管天地三界所有神灵的龛体，但因与《易经》中第一卦代表“天”的《乾》卦和第二卦代表“地”的《坤》卦有着对应的关系，所以《易经》中与“天地”相对应的内容就被大量应用在龛体的楹联和匾额上，诸如“资始资生德莫大，职覆职载量无穷”“大哉乾元物资始，至哉坤元物资生”（出自乾、坤二卦卦辞）、“始生万物”（出自屯卦卦辞）等。这些内容使《易经》文化与民间建立了具体的联系，更不用说《易经》在其他领域的影响作用，尤其是建筑格局的影响，可谓细致入微、包罗万象。

《易经》是中华文明的一个重要源头，但《易经》本身也有更早的源头,那就是被称为中华文明的滥觞源头、文明初祖的“河图”“洛书”。

发源于中原地区的河洛文化，大约形成于四五千年前。相传上古时代洛阳黄河中浮出龙马，背负“河图”，献给伏羲。伏羲依此演成八卦，成为《周易》来源。“河图”也称“先天本体宇宙图”，图式以白圈为阳、为天、为奇数，黑点为阴、为地、为偶数，并以天地合五方、阴阳合五行，所以“河图”也是五行的来源。

相传洛阳洛河中浮出神龟，背驮“洛书”，献给大禹。大禹依此成功治水，遂划天下为九州，又依此定九章大法，治理社会。周文王又由“洛书”推演出新的八卦顺序，进而演进成六十四卦，称“后天文王八卦”和“六十四卦”,所以,“洛书”也称“后天本体宇宙图”。“洛书”为九宫数，一、三、七、九为奇数（阳数），位居四正，代表天气；二、四、六、八为偶数（阴数），位居四隅，代表地气；五居中宫，属土气，为五行生数之祖。

“洛书”产生“九宫图”。

“九宫图”是“洛书” 的数字化体现，它是将 1 到 9 的数字按照一定的方式填入九格内， 使每一行、每一列，以及两条对角线上的数之和都分别相等。八卦又将各个卦位等分在除中五外的另八宫之内，对应天象四时，判断吉凶变化。“九宫图”产生新的八卦图式：“后天本体八卦图”。

“先天本体八卦图”，以“乾”南“坤”北代表“天、地”为竖轴，所谓“天南地北”一词即由此而来，以“坎”西“离”东代表“水、火”为横轴。“后天本体八卦图”，以“坎”北“离”南代表“水、火”为中轴，以“震”东“兑”西代表“木、金”为横轴。《易经》的“八八六十四卦”即是以“后天本体八卦图”作为依据进行的推演和发展，这也是民间绝大部分八卦图的装饰形式。

“太极图”由两个黑白“鱼”旋转追逐的图形组成，黑色为阴，白色为阳，道家认为它体现了宇宙万物的本质 ，万物既是一体，又矛盾对立，既相对静止，又运转不息，所谓“太极生两仪，两仪生四象，四象生八卦，阴阳化合而生万物”。

从“河图”“洛书”到“九宫”“八卦”，再到《易经》，其中蕴含“阴阳五行”“天人合一”等思想学说，组成了一个完整的文化链条，它们发源一端、相互支撑，成为中华传统道家文化的主动脉。

晋南民居影壁砖雕“河图”

晋南民居影壁砖雕“八卦图”

晋南民居影壁砖雕“洛书”

影壁上的《诗经》之美

《诗经》是中国文化的另一个源头，被誉为“五经之首，文学之源”。

《诗经》成书于东周，距今三千年左右，内容原包括从西周初年到东周中期约六百年间的诗歌三千多篇，孔子删减了绝大部分，整理收录而成三百多篇。据传当时周朝的统治者，派出文化官员，深入各诸侯国记录采集民间流传的乡风歌谣，汇集《雅》《颂》乐歌，编成这本千古流传的经典。在交通不便、通信手段极端落后的时代，全凭采集者坚定的意志和责任完成这项艰巨的任务，堪称是对中国文化的巨大贡献。

《诗经》分为《风》（又称国风）、《雅》（大雅和小雅）、《颂》三部分。《风》是地方民歌，《雅》是朝廷乐歌，《颂》是宗庙乐歌。《诗经》流传至今，被人们广为传诵，一些经典尤为动听，试读一首：

《小雅·天保》（节选）

天保定尔，亦孔之固。俾尔单厚，

何福不除。俾尔多益，以莫不庶。

天保定尔，俾尔戬穀。罄无不宜，

受天百禄。降尔遐福，维日不足。

左上图中“戬穀罄宜”四字，即出自此诗。

其他出自《诗经》并在影壁上经常出现的诗句还有：

“鸢飞鱼跃”——《大雅·旱麓》

“怡穀”——《鲁颂·有駜》

“长发其祥”——《商颂·长发》

“天赐纯嘏”——《鲁颂·闭宫》

“安且吉”——《唐风·无衣》等。

“安且吉”雕刻，是晋南襄汾民居门头装饰，出自《诗经·唐风·无衣》“岂曰无衣？七兮。不如子之衣，安且吉兮”之句，描述的是作者睹物思人的伤感情怀。“安且吉”三字，原诗意为“舒服又漂亮”，单独使用也可以按字面本意解释为“安宁而且吉祥”。有趣的是，此诗原本就是晋南襄汾的远古民谣，所谓《唐风》，指的就是唐尧时期的民风，襄汾就是唐尧古都，所以《无衣》正是本地的原产作品。可以认为，襄汾有着令人自豪的、远早于《诗经》成书年代的诗乐文化，它对“安且吉”三字的使用，更像是血统纯正的直系家传。

《诗经》呈现给我们的是古代中国各地优美而灿烂的诗乐文化，它对中国人的精神气质有着潜移默化的影响。在数千年的岁月里，《诗经》的生命力从未暗淡，一直散发着持久的光芒。

戬穀磬宜——《诗·小雅·天保》：“天保定尔，俾尔戬穀，罄无不宜。”有尽享福禄的含义。民间影壁上也有不少只用“戬穀”两字作为装饰，意为“福禄”。

鸢飞鱼跃——《诗·大雅·旱麓》：“鸢飞戾天，鱼跃于渊。”谓万物各得其所之意。

怡穀——《诗·鲁颂·有駜》：“自今以始，岁其有。君子有穀，诒孙子。于胥乐兮！”意为给子孙留下更多的福泽。

长发其祥——《诗·商颂·长发》“浚哲维商，长发其祥”之句。意为持久地显现降临的祯祥。

天赐纯嘏——《诗·小雅·宾之初筵》：“天锡纯嘏，眉寿保鲁。”意为天赐大福，长寿永年。

安且吉——《诗·唐风·无衣》：“岂曰无衣？七兮。不如子之衣，安且吉兮。”独立的含义为安宁而且吉祥。

影壁上的《山海经》文化

中国传统文化的另外一个源头，是吉祥图案中的神兽来源。神兽文化遍布中国的各个角落，门前的狮子、屋顶上的鸱尾、装饰中的龙凤、麒麟、獬豸、狻猊、天禄等。然而它们的出处并不集中，历代不同古籍各有载述，但其中有一本最古老的书籍，奠定了神兽文化的基调，它就是《山海经》。

《山海经》成书于战国中后期到汉代初中期，是一本关于奇异怪兽、神话传说的荒诞书籍，说它荒诞，是因为其描绘的形象都是凭空想象、非实际存在的生物种类。而这些生物形象，有很多都被赋予了一定的寓意，有的代表“见则天下太平”，有的则是“见则天下大旱”，还有的是“见之天下安宁”等等。其中有好有坏，但人们无视那些寓意不好的神兽，而热衷于从中寻找有着积极美好寓意的形象，装饰在生活环境中，以求吉祥。

例如，人们挑选了《山海经》中的凤凰，作为表示美好的典型：

《南次三经》：“又东五百里，曰丹穴之山……有鸟焉，其状如鸡，五采而文，名曰：凤凰……见则天下安宁。”

人们也对龙有着神秘的情感，《山海经》中也有相应的描述：

《大荒经》：“西北海之外，赤水之北，有章尾山。有神，人面蛇身而赤……是谓烛龙。”

《山海经》对龙的描写多达四五处，其中有烛龙、应龙、夔龙、蛟龙等，在此仅列其一，因为龙的来历极为复杂，多种古书都有描述，但《山海经》无疑是其来源之一。

其他神兽如麒麟、鸾鸟、鸱、 獬豸、狻猊等常见装饰形象，都有不同的出处，比如《异物志》《尔雅·释兽》，或者其他书籍，但它们的影响力都无法与《山海经》相提并论。《山海经》带给我们的是神奇的神兽世界，那些吉祥的瑞兽形象从书中走来，成为我们建筑的装饰，它们就像是有灵性的动物一样守护着人们的精神家园。

《易经》《诗经》《山海经》，是中华文明的三个重要源头，它们的理论和形象，以及历代积累起来的吉祥图案都是民居建筑和影壁装饰有本有源的千秋文章。

晋中寺庙影壁砖雕“龙”

晋南民居影壁砖雕“凤”

福

后　记

本书自拍摄影壁开始，历经十年有余，编纂文字和设计排版也已耗时四年，在即将成书之际，我们深感这一切的坚持是如此不易。十几年来屡屡深入村落、游走古镇，探寻和发现一处处古朴而精美的民居影壁，或者徜徉于山间庙宇之中、皇家龙壁之前，感受中国文化的浩瀚博大、丰富精妙，其中苦乐难以言表，唯将这一切与读者共享，才是我们最终的解脱之道。

作为本书的共同作者，我和史老师因相同的爱好而在中途结识，又因共同的目标而一起完成了本书的图文编纂，为此双方都付出了辛勤的努力。我们感谢彼此的付出，同时也感谢双方家人的理解和支持。

在此过程中，我们还有幸得到了很多专家学者和朋友的热情帮助。山西长治辞赋作家、第三届中国辞赋“屈原奖”获得者崔书林先生为本书提供了宏伟华丽的辞赋《中华影壁赋》，成为本书的开篇亮点；北京工业大学艺术设计学院副院长王毅强先生、北京工业大学艺术设计学院民俗博物馆馆长王文涛先生、北京丽贝亚建筑设计研究院院长郭瑞勇先生、山西曲沃县梁龙池先生、山西晋中师范学院武丽敏教授，还有晋中地区的康学军先生、孙润月先生、刘志强先生、王丽娟女士、席海洋先生、史一飞先生、赵六只先生，都是中国传统文化的研究者和保护者，他们为本书提供了部分宝贵的图片资料和有益的学术建议，在此一并表示衷心的感谢！

最后需要说明的是，尽管笔者对所有拍摄过的民居影壁都做了详细到村户的地点记录，但为了避免给户主带来不必要的麻烦，也为了不给偷盗者留下详细的地址和路线，我们对处于原始状态的民居影壁地址只标注到乡镇级的地名，个别已受到保护的民居影壁标注到村级的地名，已开放并在公开信息中能查到的寺庙影壁和皇家影壁标注到实际地址名称。在盗卖文物猖獗的今天，我们相信这样做是有必要的。实际上，我们得知其中一部分影壁在本书成书之前，已经被文物贩子们拆解盗卖，这一部分图片资料已成最后的现场绝版，这不能不令人深感痛心。

中国传统文化的实物遗存，需要更有效的保护措施。

本书的整体排版由北京勤艺伟和广告公司承接，他们在整个排版过程中，耐心配合作者的反复修改，最终出色地完成了这项繁重的任务，他们所体现出的专业水准是本书视觉品质的保证。

中国文化博大精深，笔者学识孤陋，难以参详盖全，本书或有纰漏和错误，望读者不吝匡正。

张毅培

2018 年 6 月于北京

本书图片资料，除作者拍摄的以外，还有一部分来自朋友的友情提供，在此表示衷心的感谢！

王毅强友情提供
P022　河北蔚县古堡影壁
P043　东城区东棉花胡同民居影壁
P049　张家口蔚县西合营镇民居影壁
P050　张家口蔚县西合营镇民居影壁挂落
　　　张家口蔚县西合营镇民居影壁坨头、博风装饰
P051　张家口蔚县西合营镇民居影壁坨头、垂花
P052　张家口蔚县北水泉镇民居影壁
P205　福建泉州开元寺麒麟影壁
　　　开元寺麒麟影壁局部

梁龙池友情提供
P107　庄园西侧大门，砖雕匾额上刻有“纳爽”。
P110　运城稷山县清河镇民居“耕读渔樵”影壁
　　　临汾乡宁县枣岭乡民居“鹤鸣风竹”廊心
　　　临汾乡宁县枣岭乡民居“喜上眉梢”廊心
P116　临汾襄汾县景毛镇民居门头砖雕，中心刻有“安且吉”。
P117　临汾襄汾县景毛镇民居门头雕刻，中心刻有“迎旭”。
　　　临汾襄汾县南贾镇民居门头雕刻，中心刻有“纯嘏”。
　　　临汾襄汾县西贾乡民居门头雕刻
P134　运城稷山县清河镇民居影壁
P172　山西临汾曲沃县曲村镇民居影壁

康学军友情提供
P095　寿阳县西洛镇民居土地神龛
　　　寿阳县西洛镇民居土地神龛
P093　寿阳县民居土地神龛

王文涛友情提供
P207　介休后土庙戏台

白皓友情提供
P045　海淀镇彩和坊李莲英故宅影壁
　　　西城区红线胡同民居影壁

张海涛友情提供
P255　山西大同代王府门前琉璃九龙壁壁心

以上数据如有错误，请与作者联系更正。
联系邮箱：2694508975@qq.com

作者简介

张毅培
文学士学位，自由艺术家，设计师，中国传统文化爱好者和研究者。
生于 1962 年，北京
毕业于北京工艺美术学校工业设计专业
毕业于首都师范学院油画专业

史景怡
山西省襄垣县人
大学毕业
山西省摄影学会会员
爱好文学、书法、摄影、古建。